Hand Lettering for Beginners

Let's

DO

THIS

INTRODUCTION

Everyone is talking about hand lettering right now. You can see the beautiful writings everywhere, no matter if on cups, panels, posters or even clothes. The word „Handlettering" comes from English and means translated: Drawing handletters.

And that's correct! The letters are not only written, but really drawn. Thereby are many different techniques how to proceed, which we would like to mention in this exercise book. But we don't want to go any deeper now since it's not a fudamental book, but as already mentioned an exercise book.

I want you as a beginner to have a rough overview of the material and to immediately start acting. Because only with practice you'll be able to master the art of beautiful writing. No one has learned „beautiful writing" just by reading.

But now something about myself:

My name is Lea and I've been practising the art of beautiful writing for several years now. You can also see it more or less in my interior design. I love decorative items, which are adorned with handlettering or wall tattoos with handlettering poems.

Also the kitchen panel got decorated with lovely hand lettering. But besides decoration there are many more ways to use hand lettering. For instance greetings-, congratulations- and gift cards!

With a nice, selfmade card you can make your friends and relatives very happy. But I think you know that already and maybe you bought this exercise book for exactly that reason.

But enough about me – let's start! On the following pages I'll explain a few basics to you. I'll touch upon the most important details and try to give you one or two other useful tips.

Afterwards, more than 42 alphabets are awaiting you. They're including 20 different fonts, which should be enough to create nice hand letterings at the beginning.

It's possible that at some individual fonts, you can only find alphabets in capital letters. And now – have fun with reading and drawing!

THE RIGHT EQUIPMENT

Especially as a beginner the number of offers about the topic hand lettering is immense. What paper is the best? What kind of pens should I use? Fair questions, every beginner asks oneself at the beginning. In the following I would like to tell you what's very important when choosing the right material. I refer to the modern form of calligraphy or brush lettering. Hand lettering is a general term.

But if we talk about the current trend and orient towards the beautiful, modern greeting cards, posters, decorative items and vintage designs, we mean brush lettering (modern from of hand lettering / calligraphy).

WHICH PAPER DO I NEED FOR BRUSH LETTERING?

The choice of the paper is not as important as the choice of the pens, however, I would like to go into etail about the right equipment. In the past, I liked to use so-called „dot grid pads".
They're similar to the known „box paper", however there are no lines, but only dots. Especially for beginners it's easier to use the dot grid paper.

A very recommendable paper for hand lettering is for instance the „DotPad" from the provider „Rhodia" (just search it on amazon). The paper is also very smooth, which is very important, since rough paper leads to broken pencils.

If someone would like to print some exercise paper, for example de digital version of the book where I provided the link at the beginning, the FSC certified paper with a weight of 120 gram should be used. Here I can recommend the DCP printing paper from Clairefontaine!

WHAT PENS ARE NEEDED

For the modern hand lettering / brush lettering, you need a certain group of pens: Brush-pens!
The market for brush-pens is huge and as a beginner it's difficult to understand. Following features are important for a beginner pen:

- not too expensice (It's likely to ruin the pens easily as a beginner)
- robust brush
- small, handy pen
- waterproof

For beginners, the brush-pren from Edding is one of the best. Especially as a beginner, the brush is going to be used disadvantageous and therefore a robust pen is important. Otherwise, the top will become frayed very fast.
You can just search „edding 1340" on amazon. It's a brush pen, which is particularly made for beginners.
Puedes buscar „Edding 1340" en Amazon. Este es un brush pen adecuado para principiantes.

BRUSH-PENS FOR ADVANCED USE

The pen I introduce now is more expensive than for example the brush-pen from Edding. If you're too vehement with the pen as a beginner, you would react more upset in case of a loss, since it's more expensive.

Moreover, the following pen is a bit bigger. It's easy and good to use, but for beginners I would recommend using the brush-pen from Edding. However, here's the brush-pen for advanced users:

Tombow WS-BS Brush Pen Fudenosuke

Just enter the name above on amazon or a preferred shop of your choice. The Tombow is currently my favourite pen and I can recommend it with clear conscience. By the way: I'm not getting paid for this recommendation! They're all based on personal experiences!

HOW TO USE THE PEN THE CORRECT WAY

That's a topic which is often underestimated by beginners. And I totally understand! Because everyone just wants to start right away and be creative. But if you hold the brush-pen the wrong way, it could get destroyed and frayed easily.

It's very important that the brush doesn't fold while drawing. To avoid that, just hold the pen at an angle of 45 degrees, pointing upwards to the left. Here's a small image for the purpose of illustration:

320 doodle ICONS FOR EVERY OCCASION

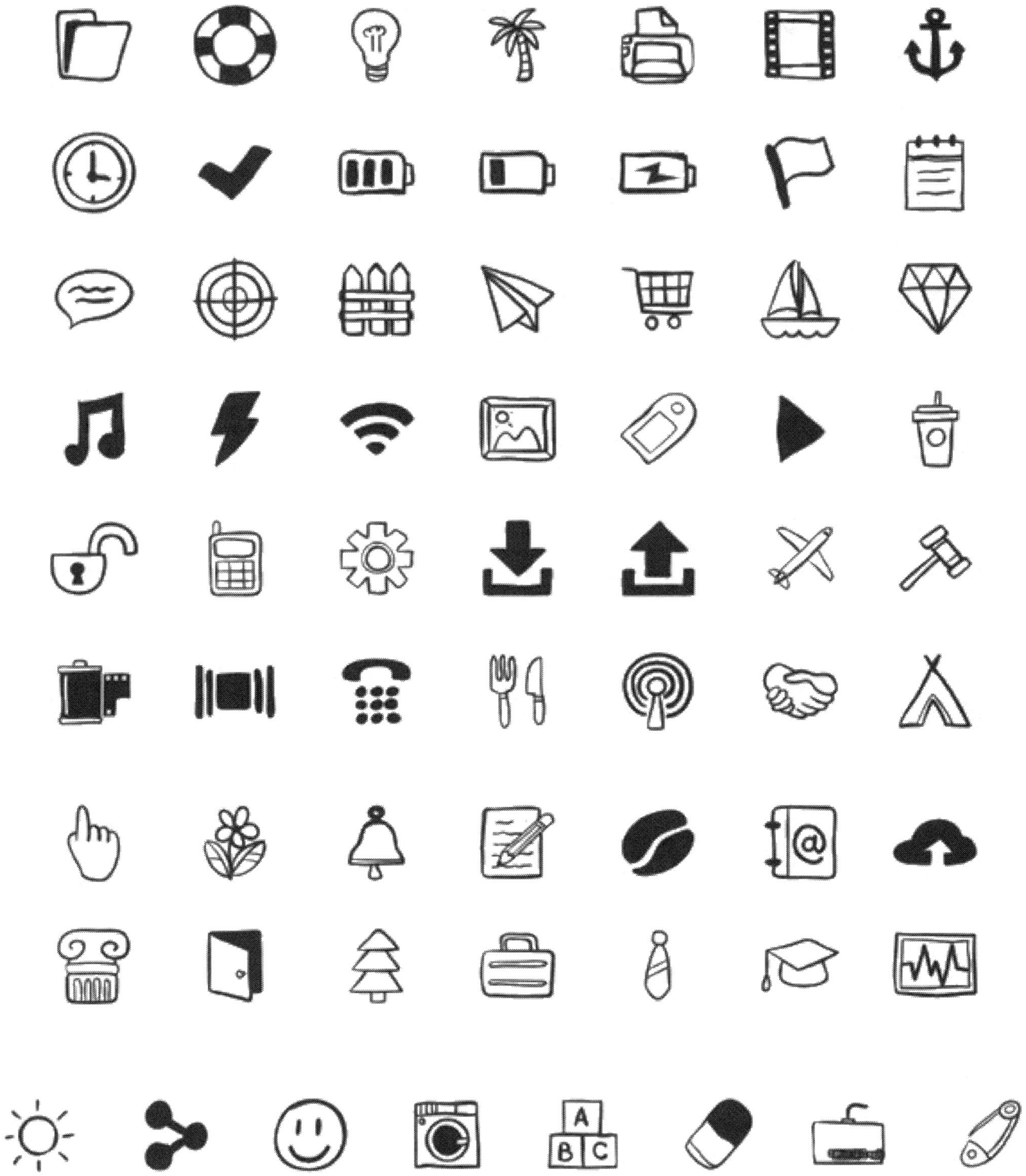

Menu

Menu

Menu

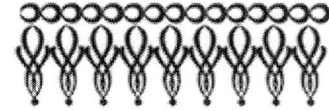

Bakery

A B C D E F G H I J K L M
N O P Q R S T U V W X Y Z

---

a b c d e f g h i j k l m
n o p q r s t u v w x y z

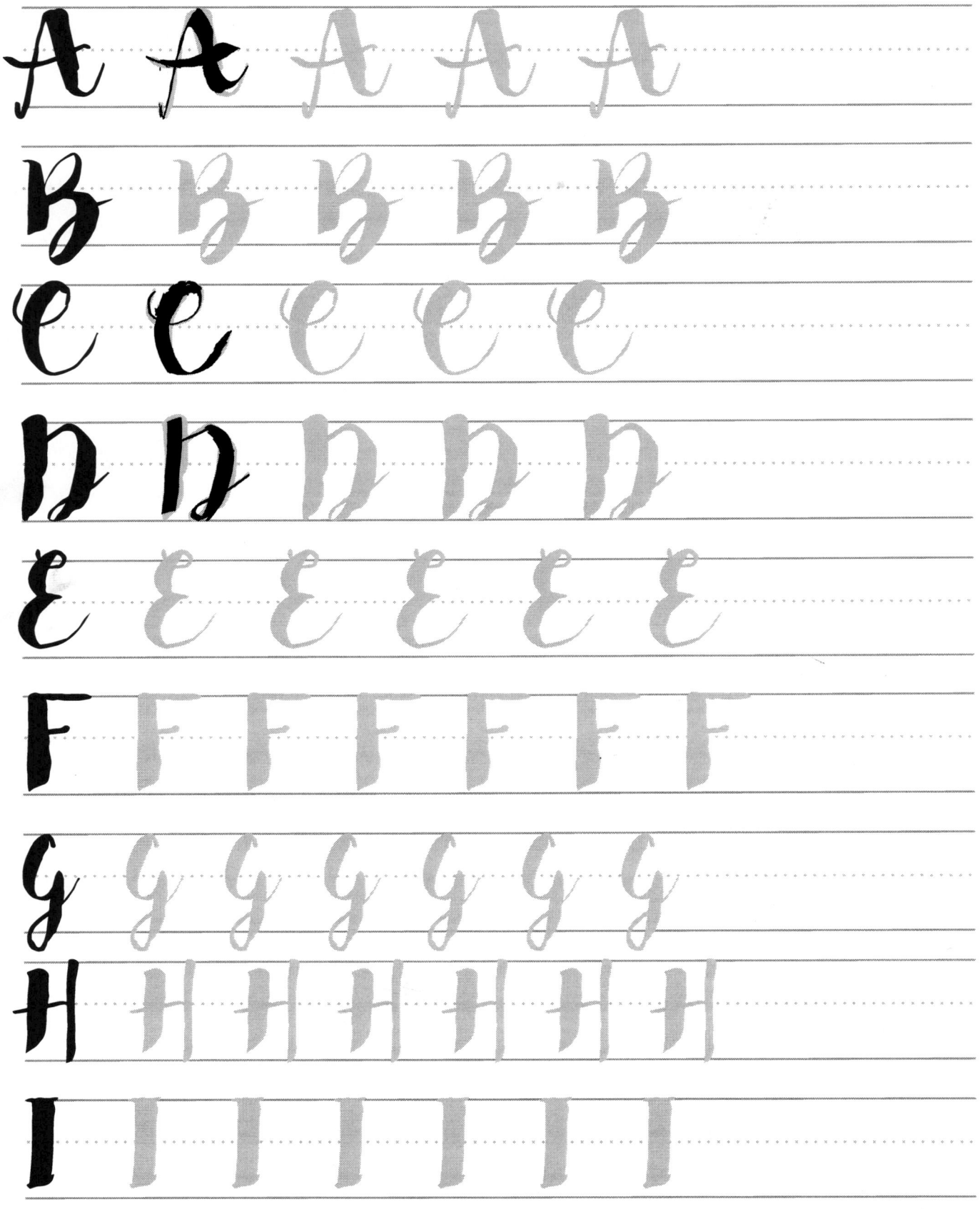

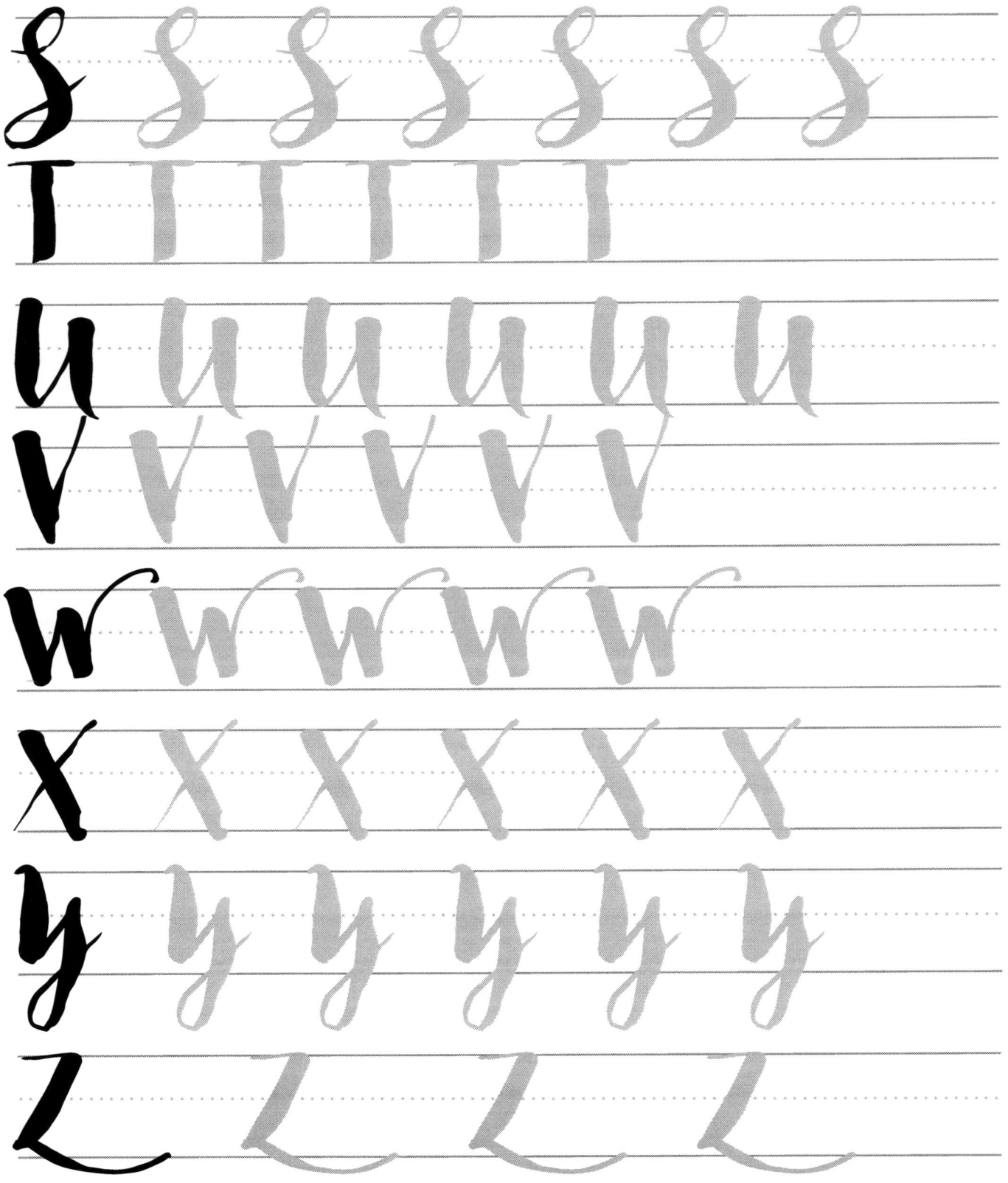

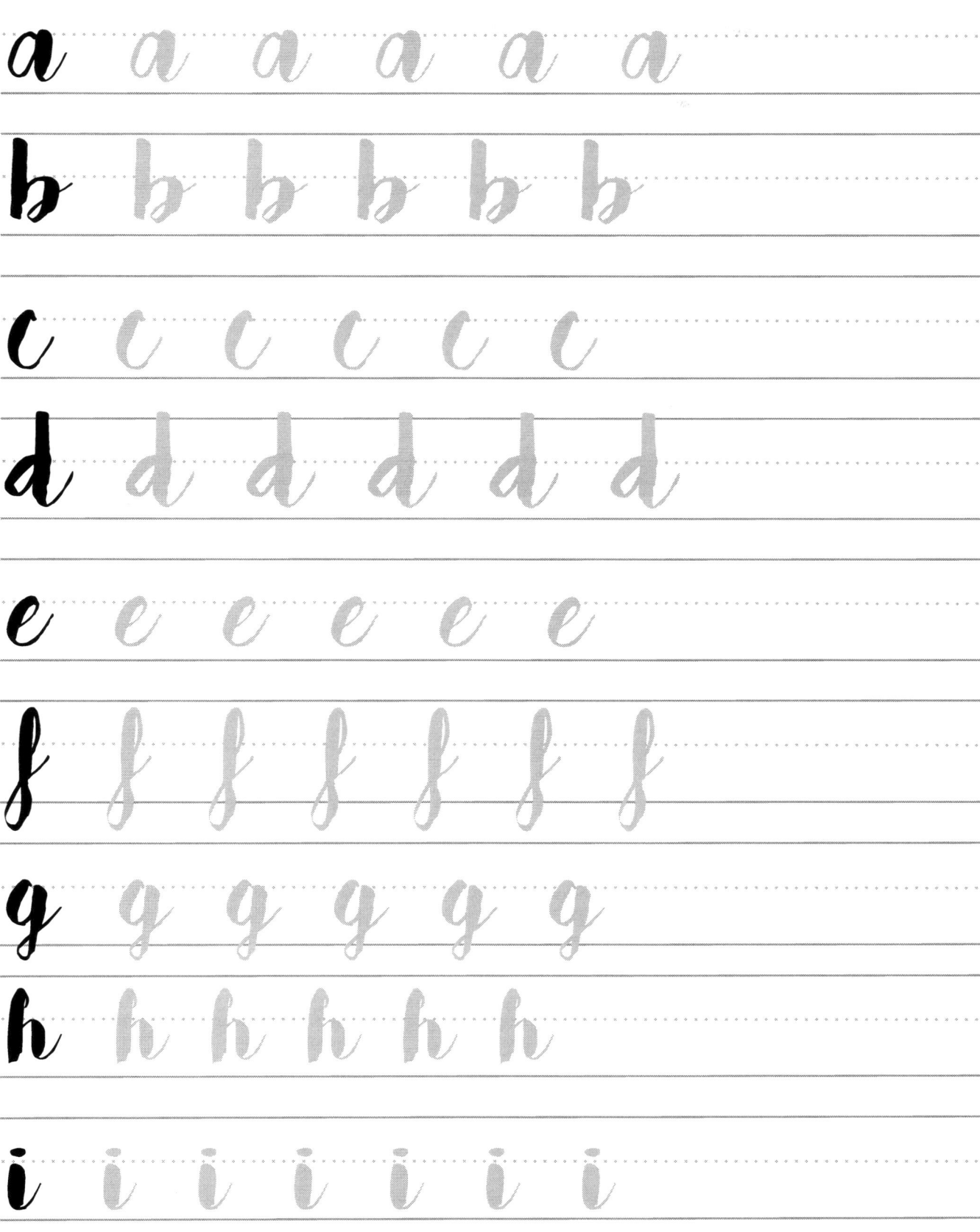

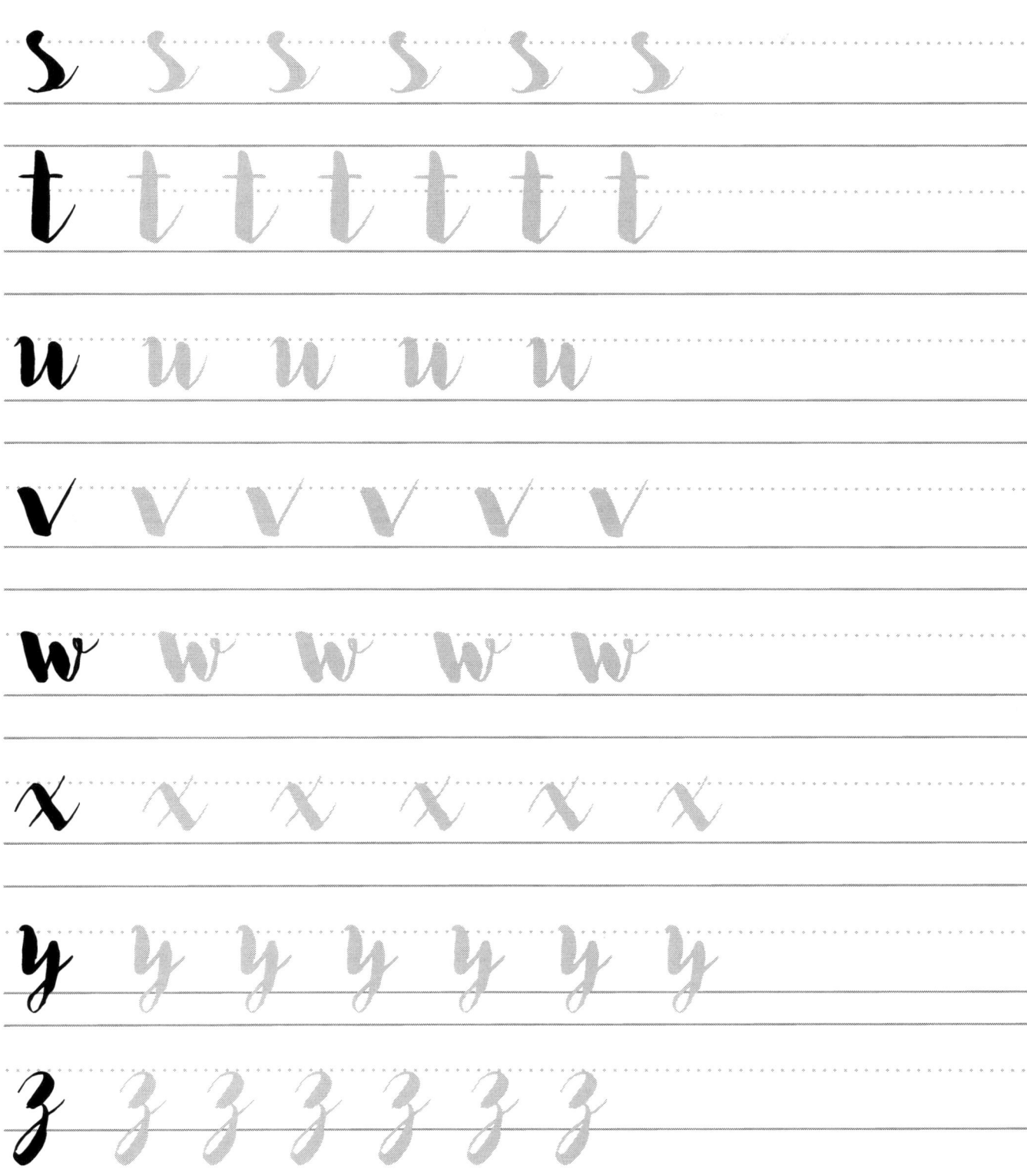

Beyond the Mountains

ABCDEFGHIJKLM
NOPQRSTUVWXYZ

---

abcdefghijklm
nopqrstuvwxyz

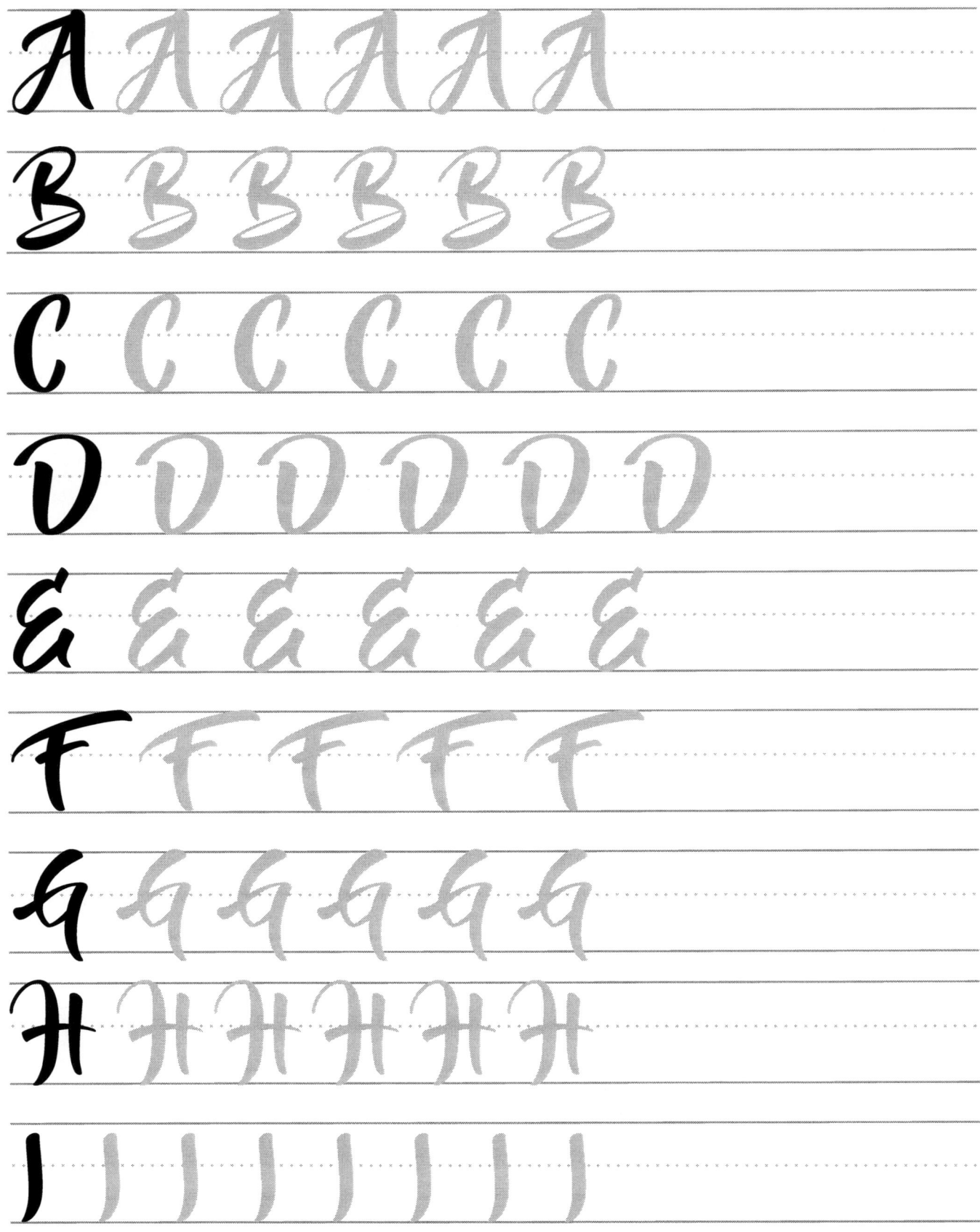

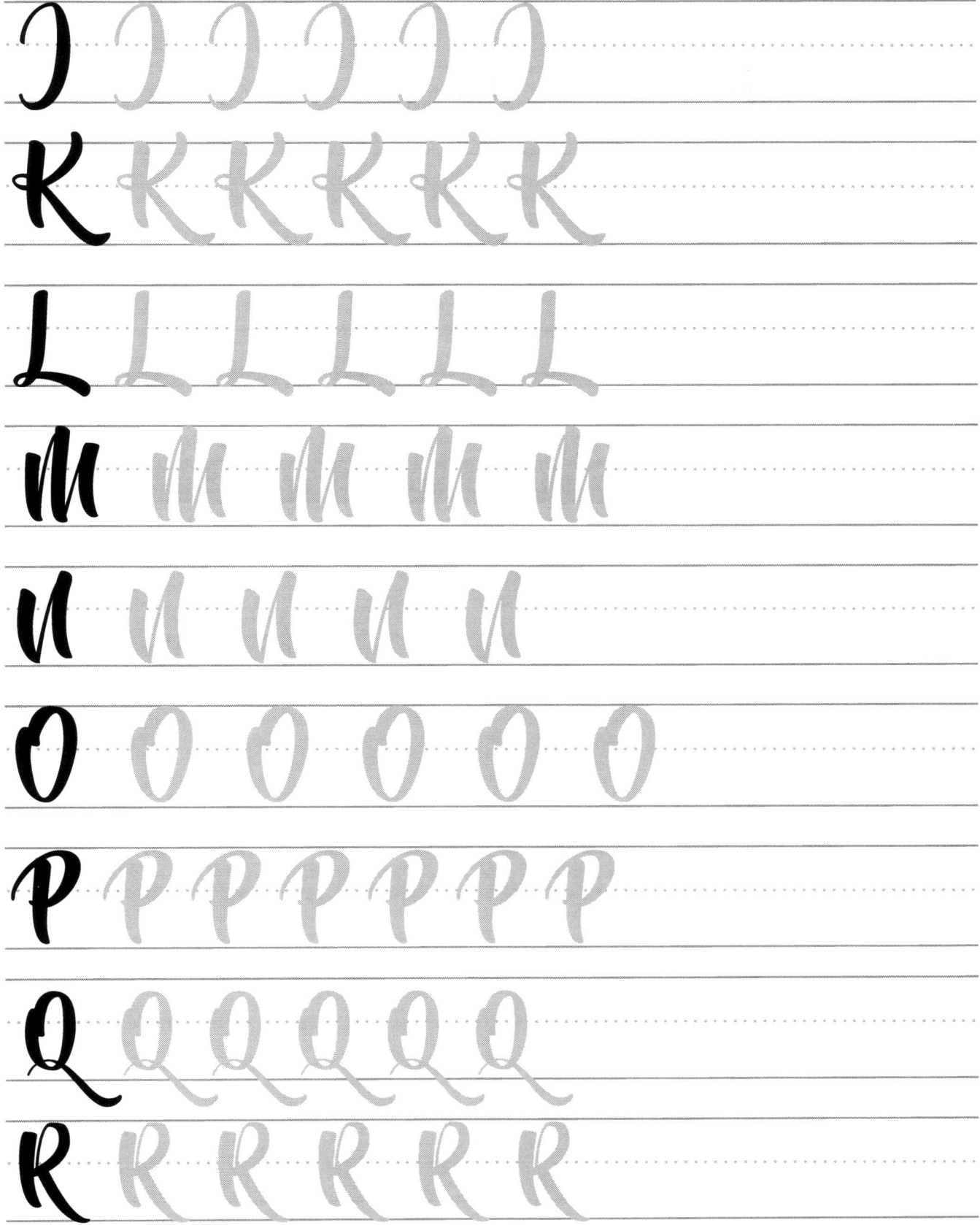

S S S S S S S
T T T T T T T
U U U U U U U
V V V V V V V
W W W W W W
X X X X X X
Y Y Y Y Y Y
Z Z Z Z Z

a b c d e f g h i

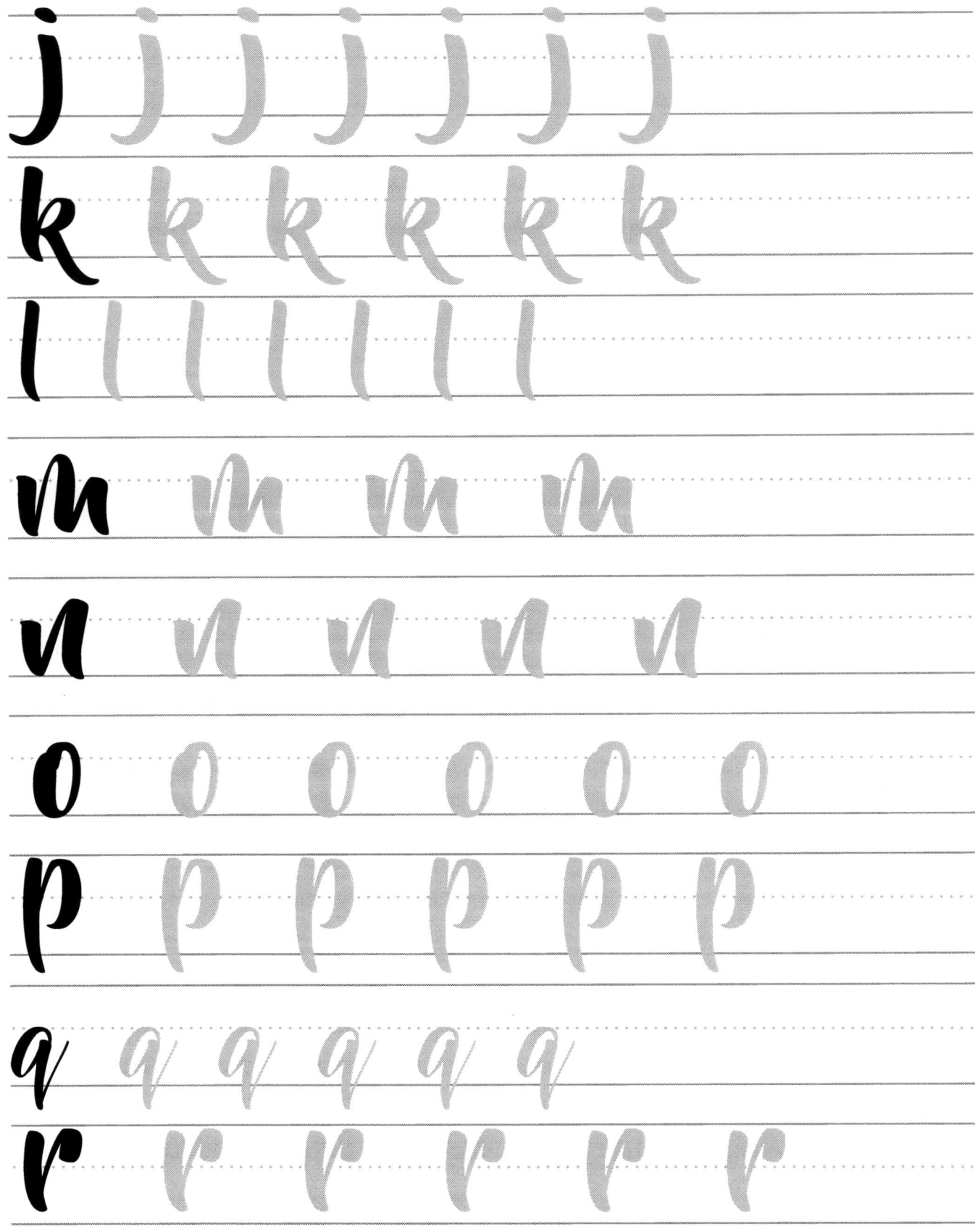

s s s s s s
t t t t t t t
u u u u u u
v v v v v v
w w w w w
x x x x x x
y y y y y y
z z z z z z

Minion

A B C D E F G H I J K L M
N O P Q R S T U V W X Y Z

---

a b c d e f g h i j k l m
n o p q r s t u v w x y z

A A A A A

B B B B B

C C C C C

D D D D D

E E E E E

F F F F F

G G G G G

H H H H H

I I I I I

J J J J J

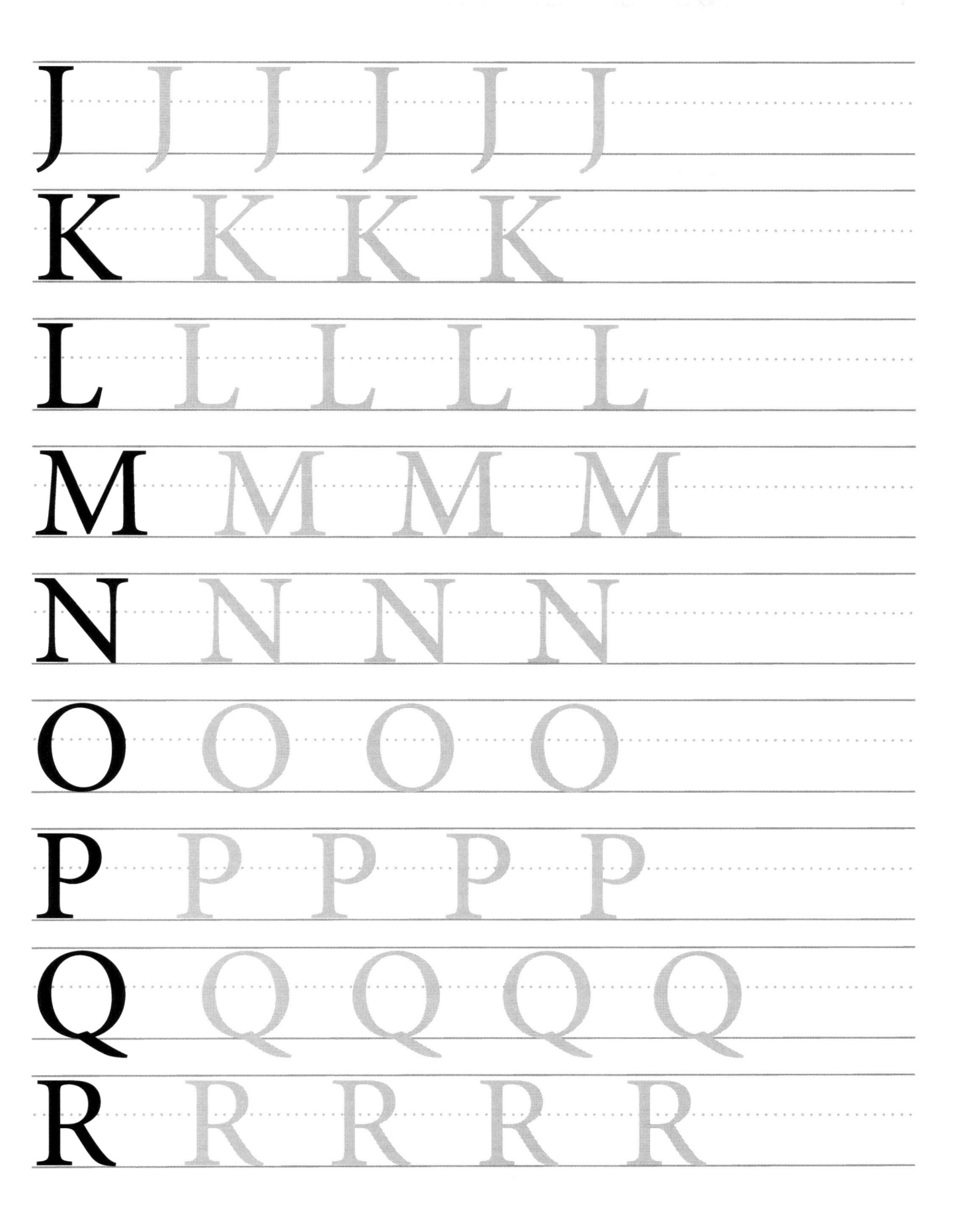

K K K K K

L L L L L

M M M M M

N N N N N

O O O O O

P P P P P

Q Q Q Q Q

R R R R R

S S S S S

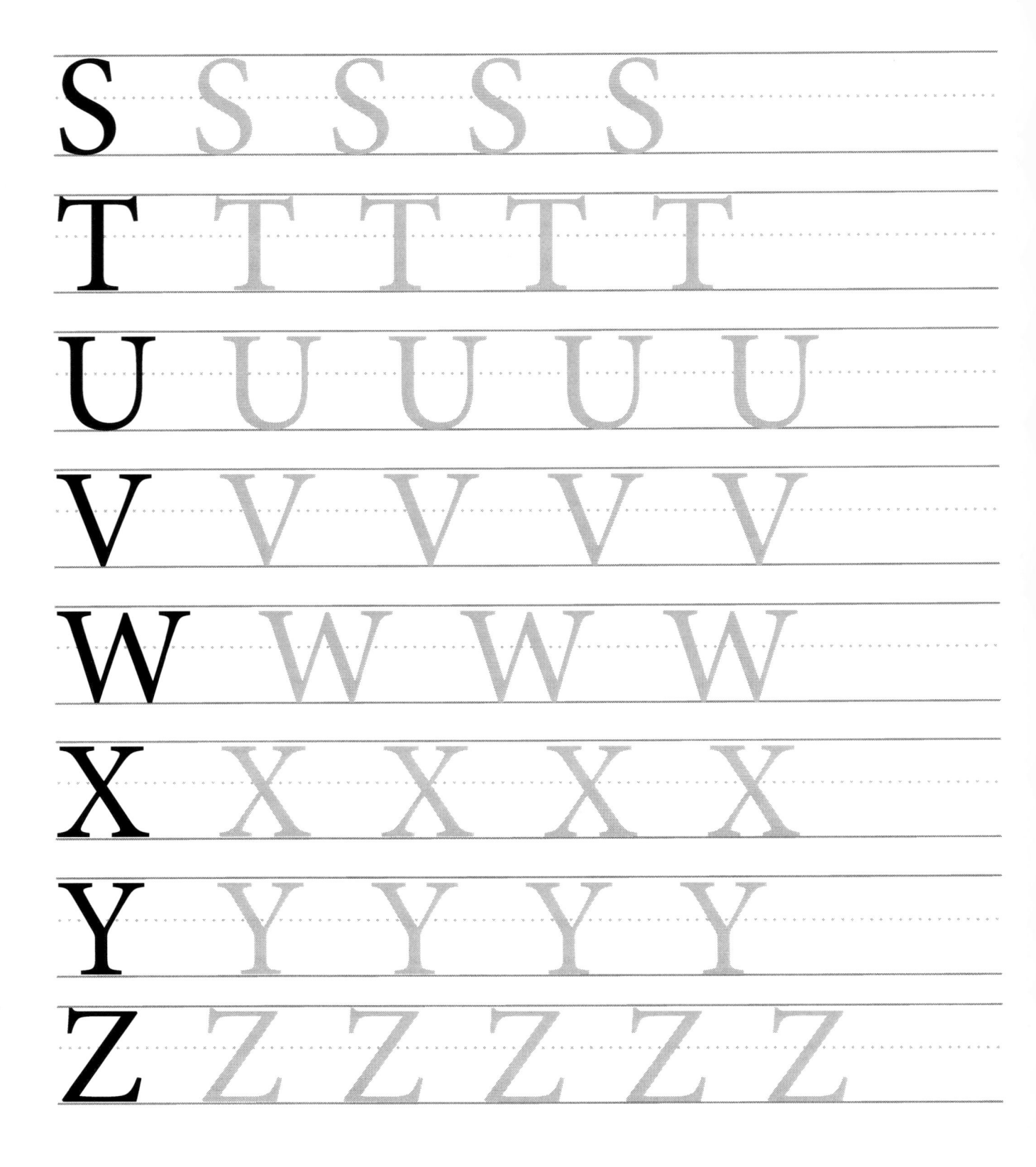

T T T T T

U U U U U

V V V V V

W W W W W

X X X X X

Y Y Y Y Y

Z Z Z Z Z

a a a a a
b b b b b
c c c c c
d d d d d
e e e e e
f f f f f
g g g g g
h h h h h
i i i i i i

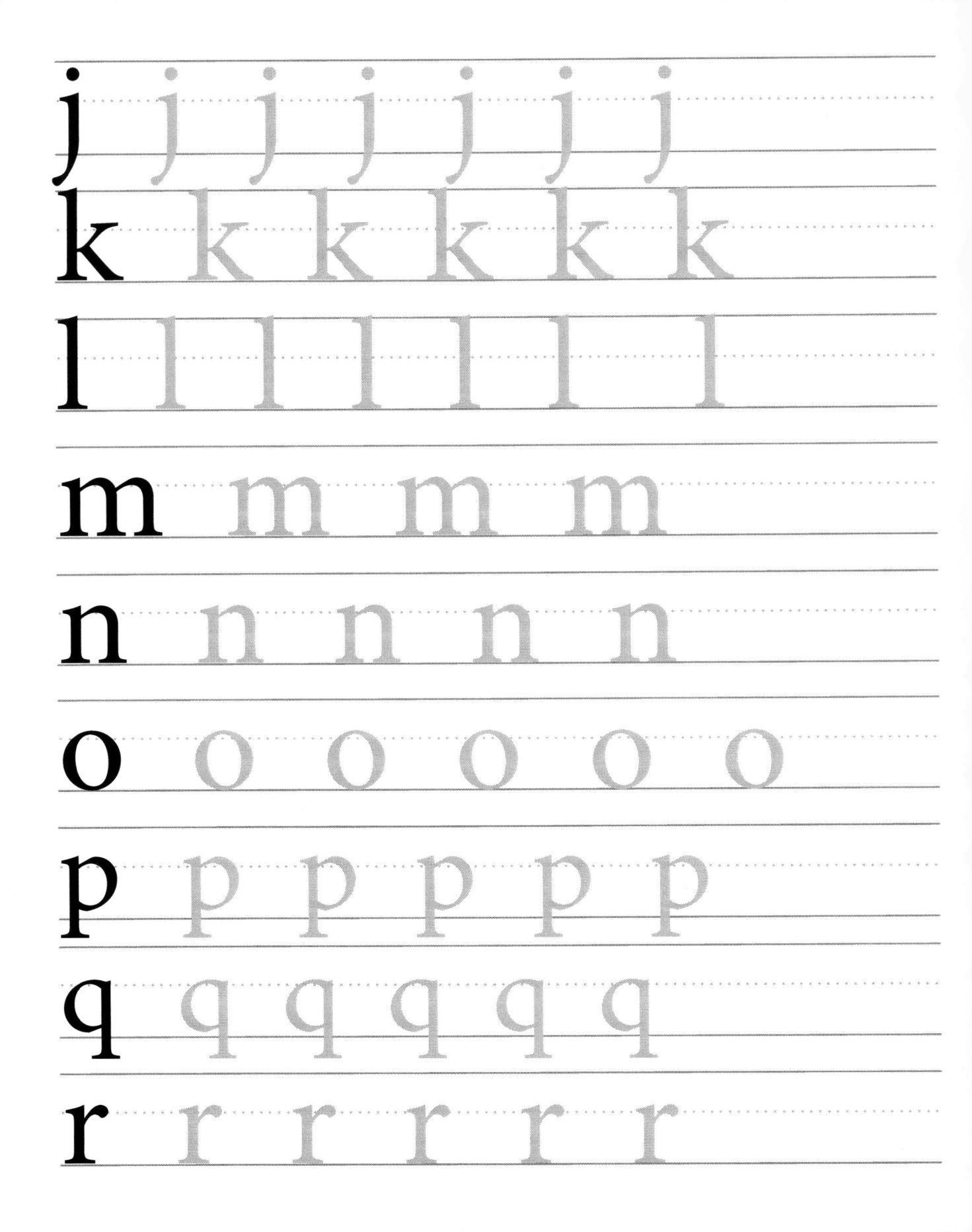

j j j j j j
k k k k k k
l l l l l l
m m m m m
n n n n n
o o o o o o
p p p p p p
q q q q q q
r r r r r r

s s s s s s
t t t t t t t
u u u u u u
v v v v v v v
w w w w w w
x x x x x x x
y y y y y y y
z z z z z z z

BALQIS

A B C D E F G H I J K L M
N O P Q R S T U V W X Y Z

---

a b c d e f g h i j k l m
n o p q r s t u v w x y z

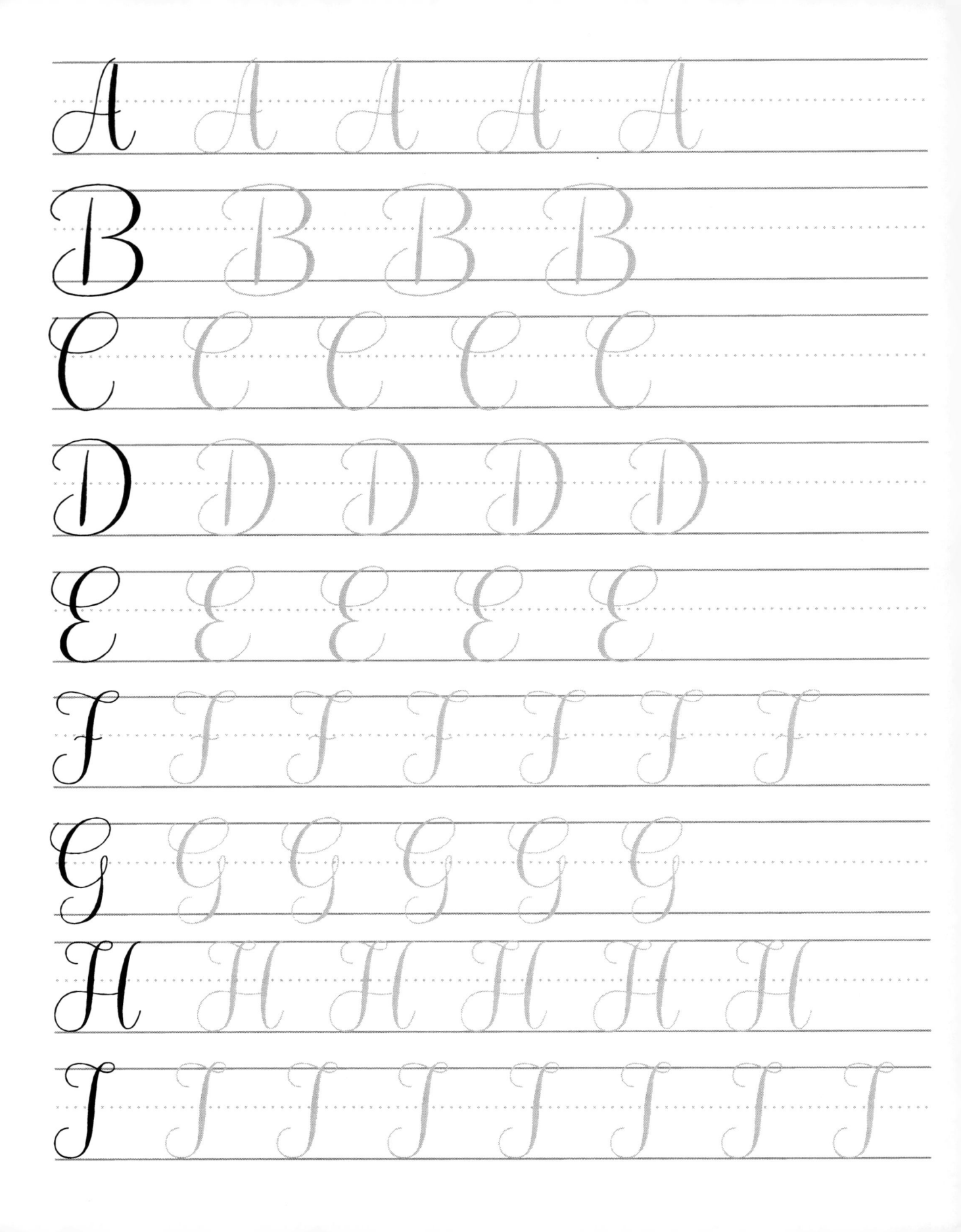

A A A A A
B B B B B
C C C C C
D D D D D
E E E E E
F F F F F
G G G G G
H H H H H
J J J J J J

J J J J J J

K K K K K K

L L L L L L

M M M M M M

N N N N N N

O O O O O O

P P P P P P

Q Q Q Q Q Q

R R R R R R

S S S S S

T T T T T

U U U U U

V V V V V

W W W W

X X X X X

Y Y Y Y Y

Z Z Z Z Z

a a a a a a
b b b b b b
c c c c c c
d d d d d d
e e e e e e
f f f f f f f
g g g g g g
h h h h h h
i i i i i i i

j j j j j j j

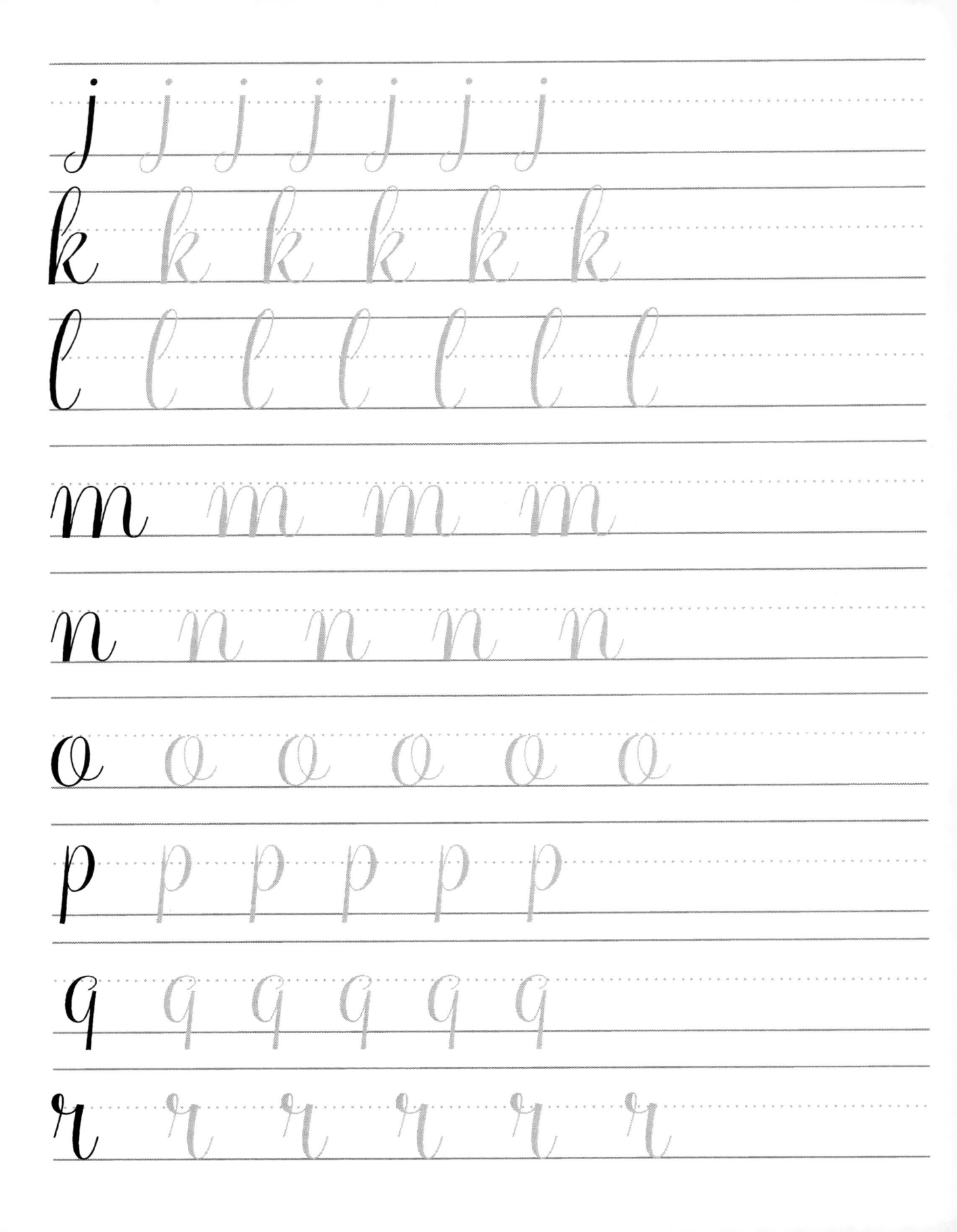

k k k k k k k

l l l l l l l

m m m m m

n n n n n

o o o o o o

p p p p p p

q q q q q q

r r r r r r r

s s s s s s
t t t t t t
u u u u u u
v v v v v v
w w w w w w
x x x x x x
y y y y y y
3 3 3 3 3 3

SOPHIA

A B C D E F G H I J K L M
N O P Q R S T U V W X Y Z

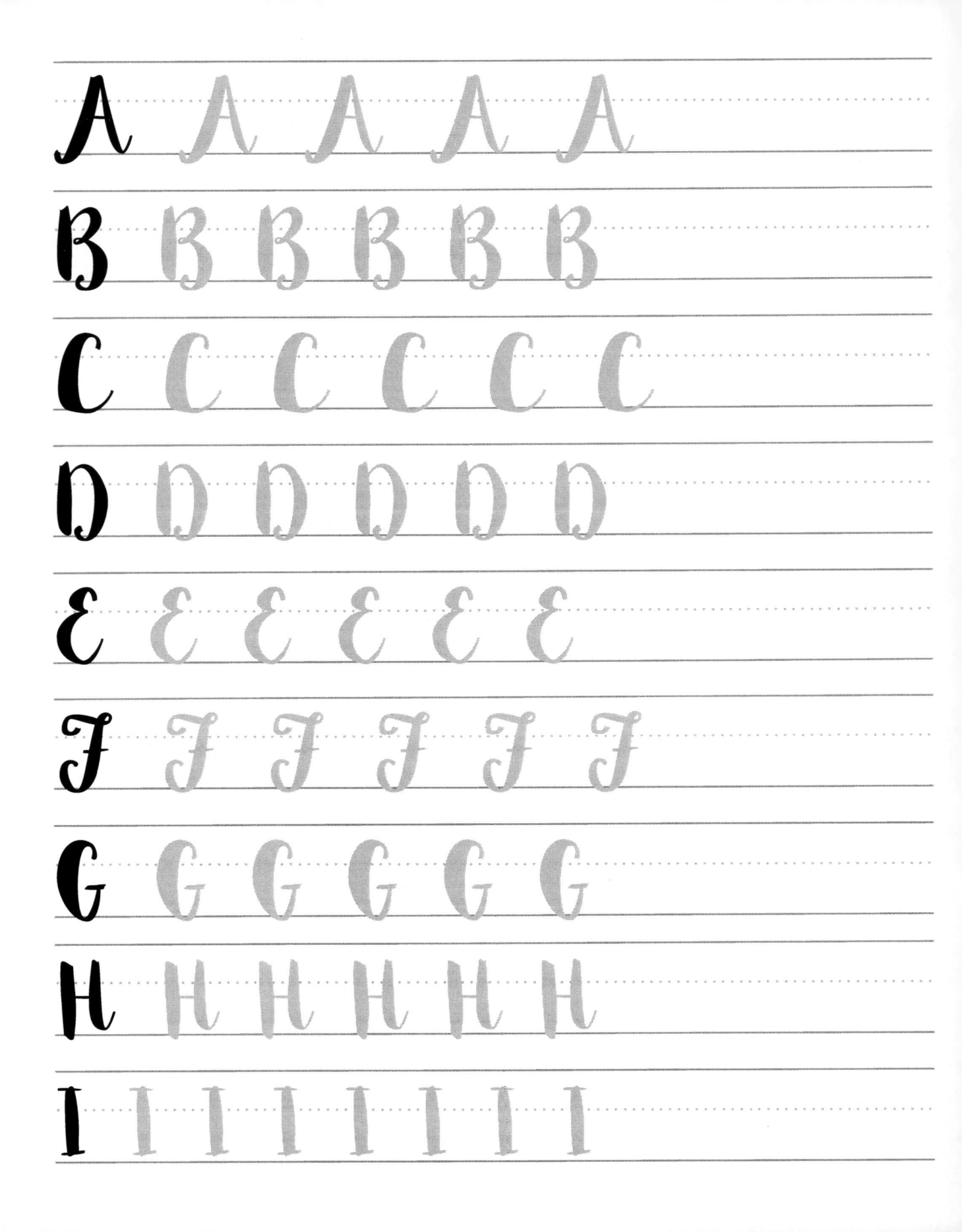

A A A A A
B B B B B
C C C C C
D D D D D
E E E E E
F F F F F
G G G G G
H H H H H
I I I I I I I I

J J J J J J J

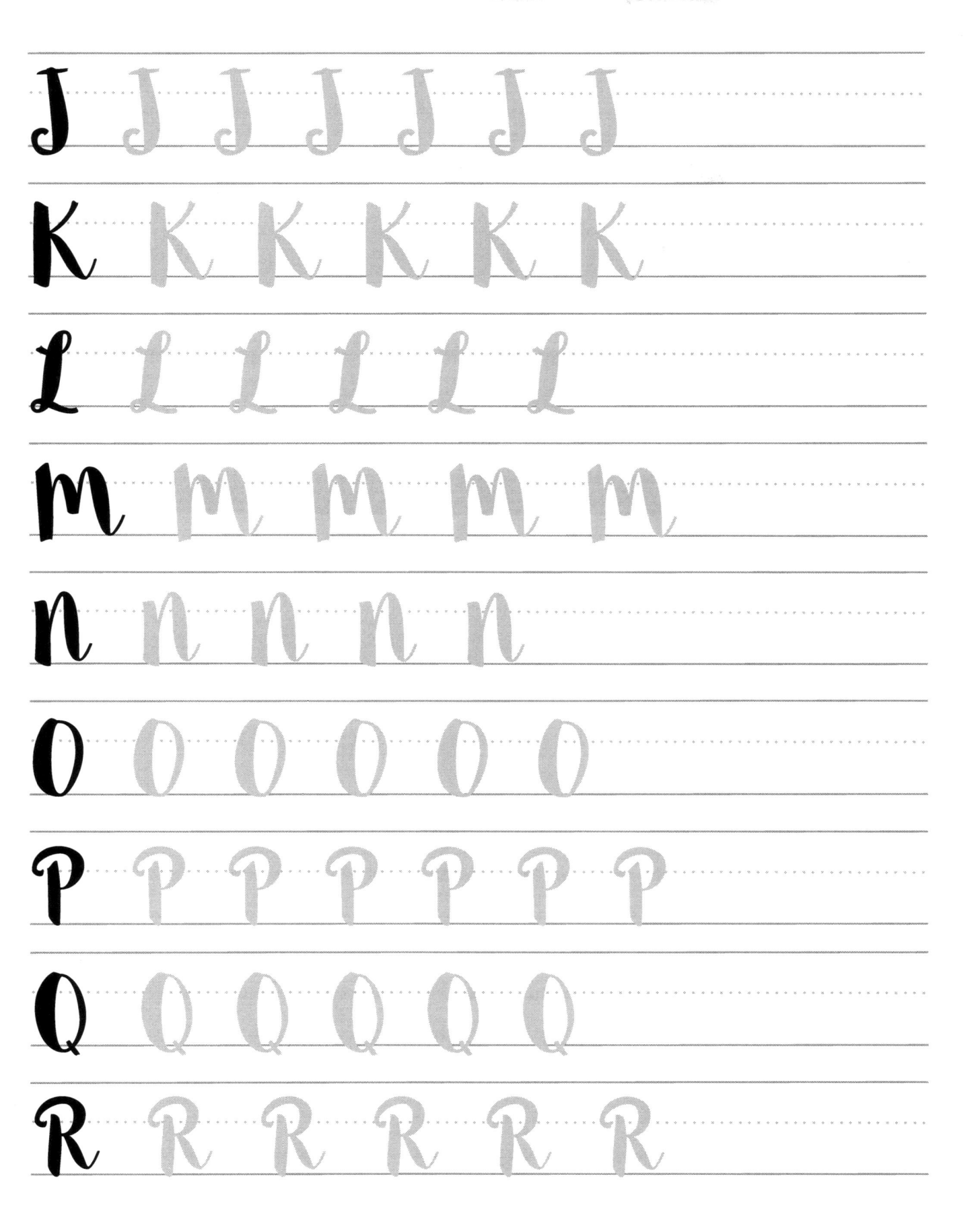

K K K K K K K

L L L L L L L

m m m m m m m

n n n n n n

O O O O O O

P P P P P P P

Q Q Q Q Q Q

R R R R R R

S S S S S S
T T T T T T T
u u u u u u u
v v v v v v v
w w w w w w w
x x x x x x x
y y y y y y y
z z z z z z z

SKINNY

A B C D E F G H I J K L M
N O P Q R S T U V W X Y Z

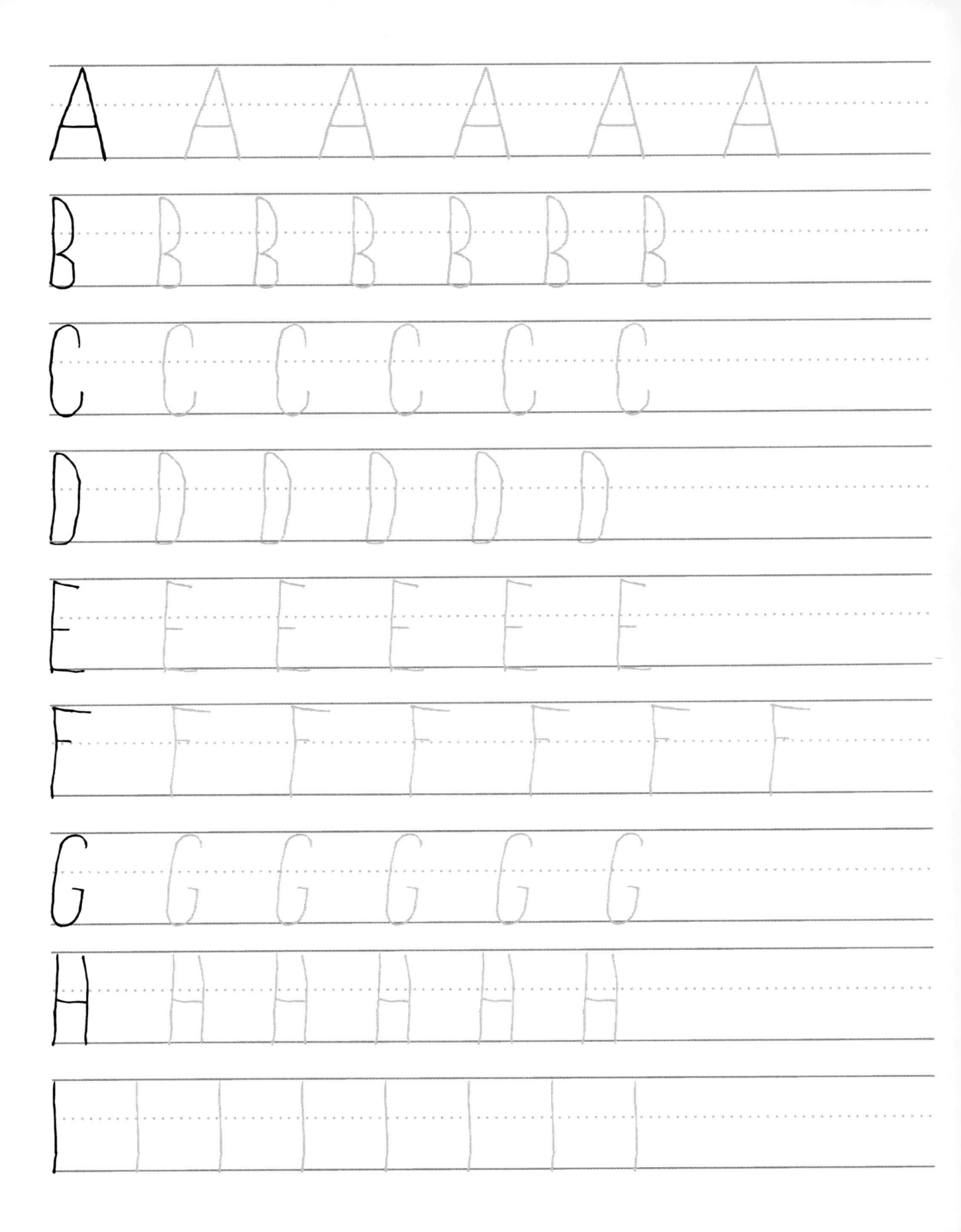

A B C D E F G H I

J J J J J J J J

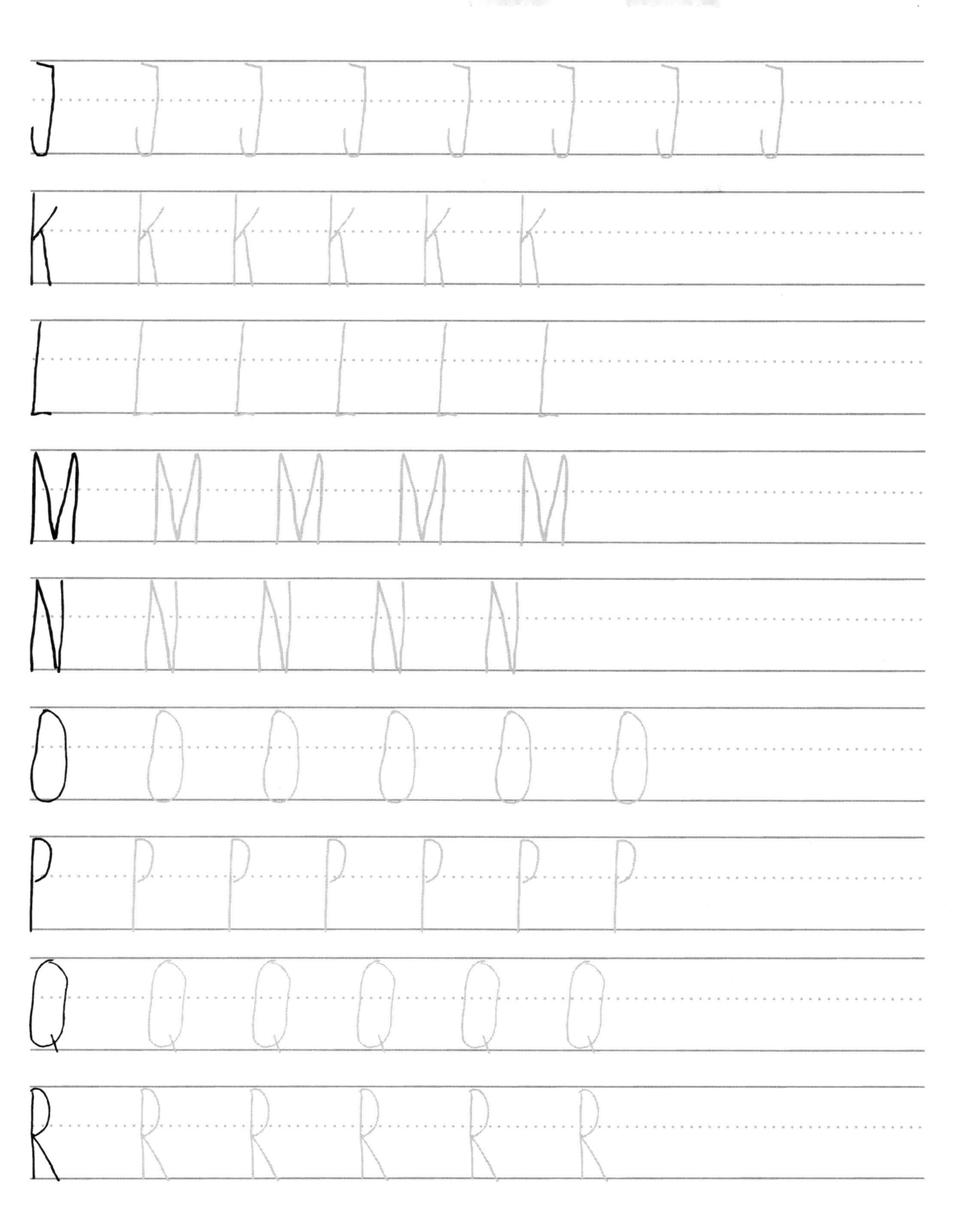

K K K K K K

L L L L L L

M M M M M

N N N N

O O O O O O

P P P P P P

Q Q Q Q Q

R R R R R

S S S S S S S

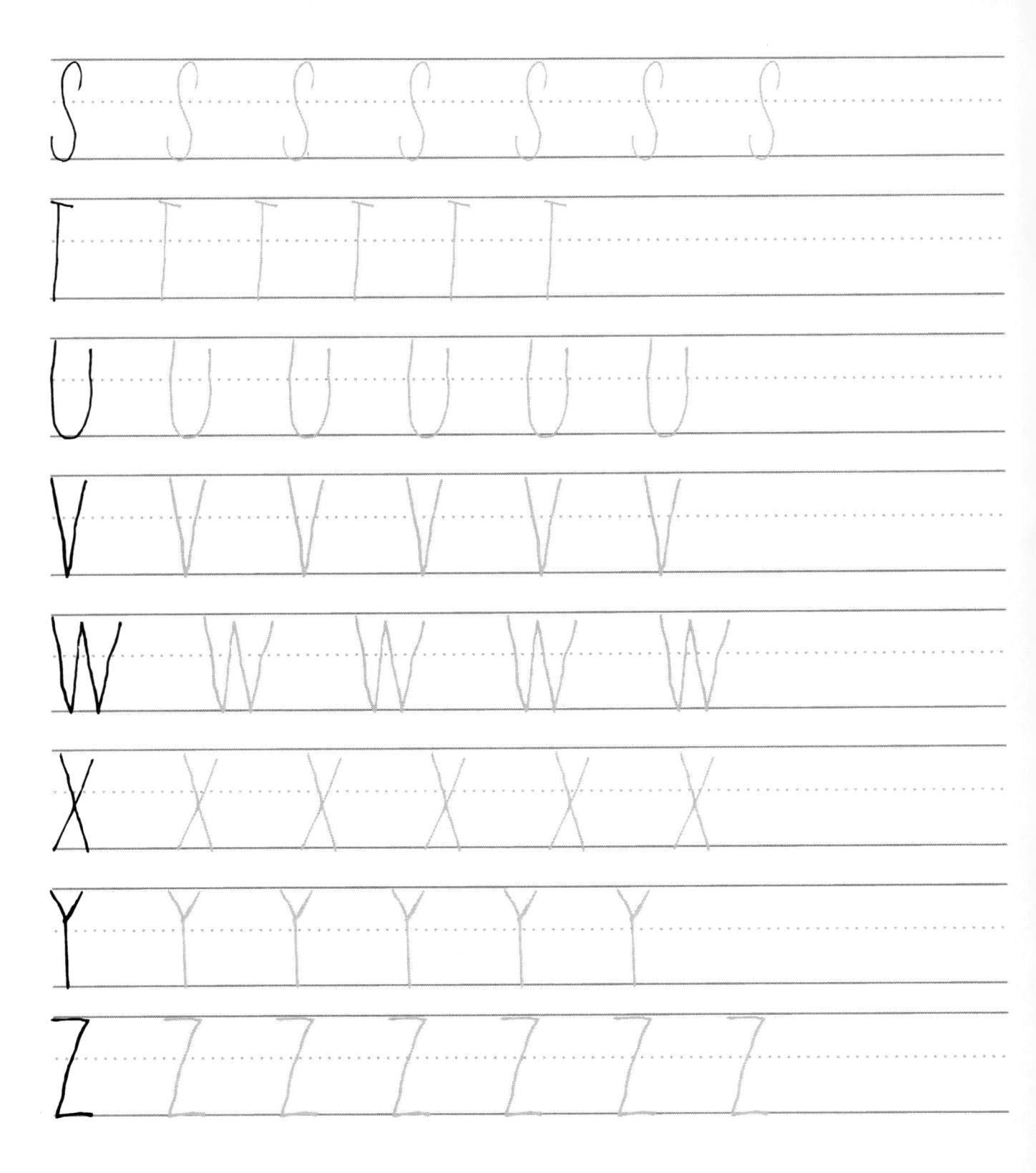

T T T T T T T

U U U U U U U

V V V V V V V

W W W W W

X X X X X X

Y Y Y Y Y

Z Z Z Z Z Z Z

Alex Brush

A B C D E F G H I J K L M
N O P Q R S T U V W X Y Z

---

a b c d e f g h i j k l m
n o p q r s t u v w x y z

A B C D E F G H I

J J J J
K K K K
L L L L
M M M M
N N N N
O O O O
P P P P
Q Q Q Q
R R R R

S S S S S S

T T T T T T T

U U U U U U

V V V V V V

W W W W W

X X X X X X

Y Y Y Y Y

Z Z Z Z Z Z Z

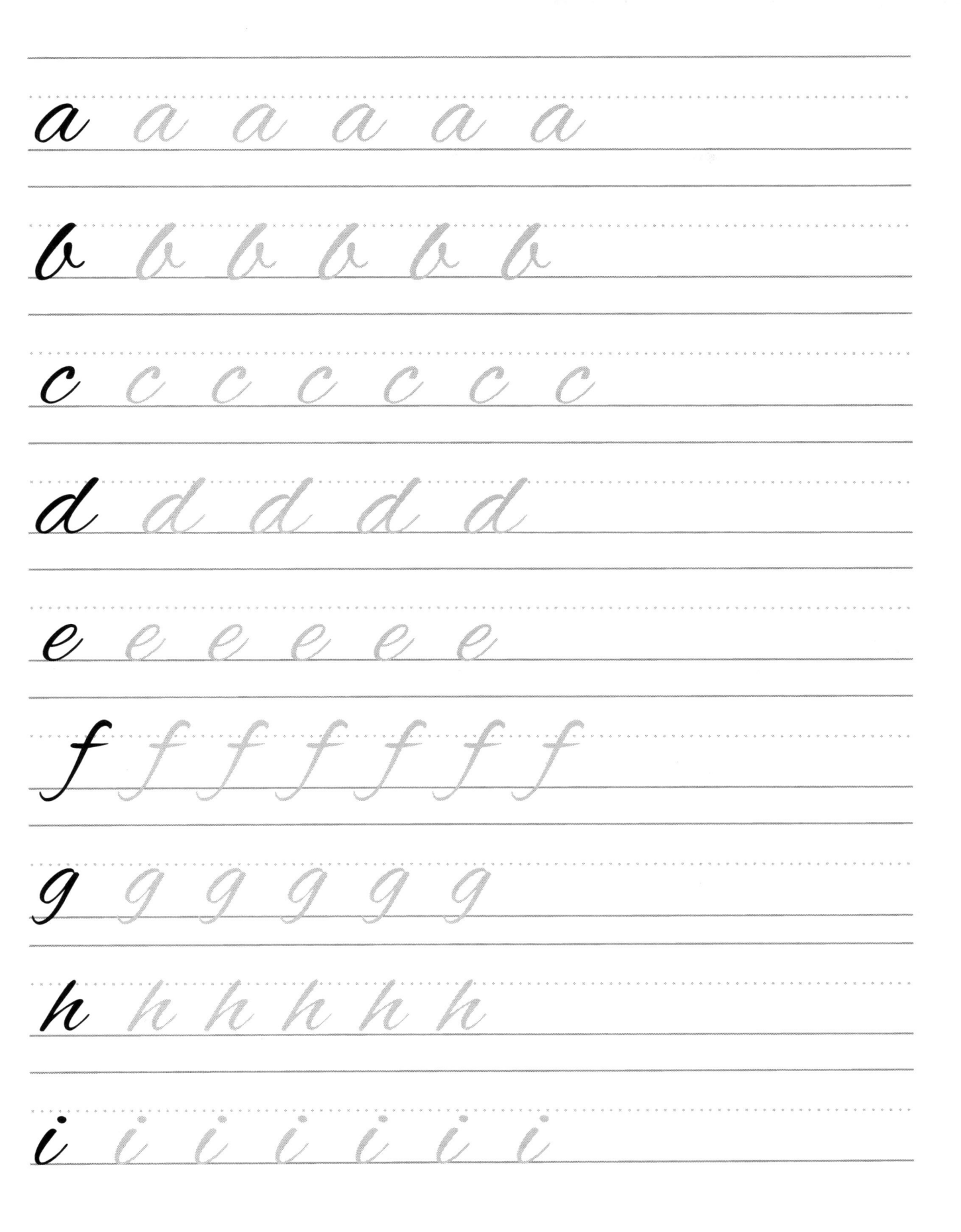

a a a a a a
b b b b b b
c c c c c c
d d d d d
e e e e e e
f f f f f f f
g g g g g g
h h h h h h
i i i i i i i

j j j j j j j

k k k k k k

l l l l l l

m m m m

n n n n

o o o o o o

p p p p p

q q q q q

r r r r r

s s s s s s
t t t t t t t
u u u u u u
v v v v v v
w w w w w
x x x x x x
y y y y y y y
z z z z z z z

Cookie

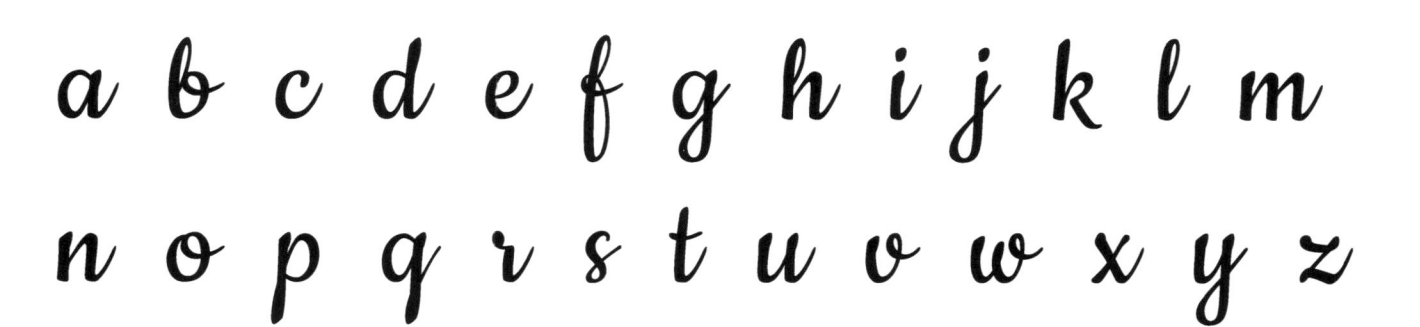

A B C D E F G H I J K L M
N O P Q R S T U V W X Y Z

a b c d e f g h i j k l m
n o p q r s t u v w x y z

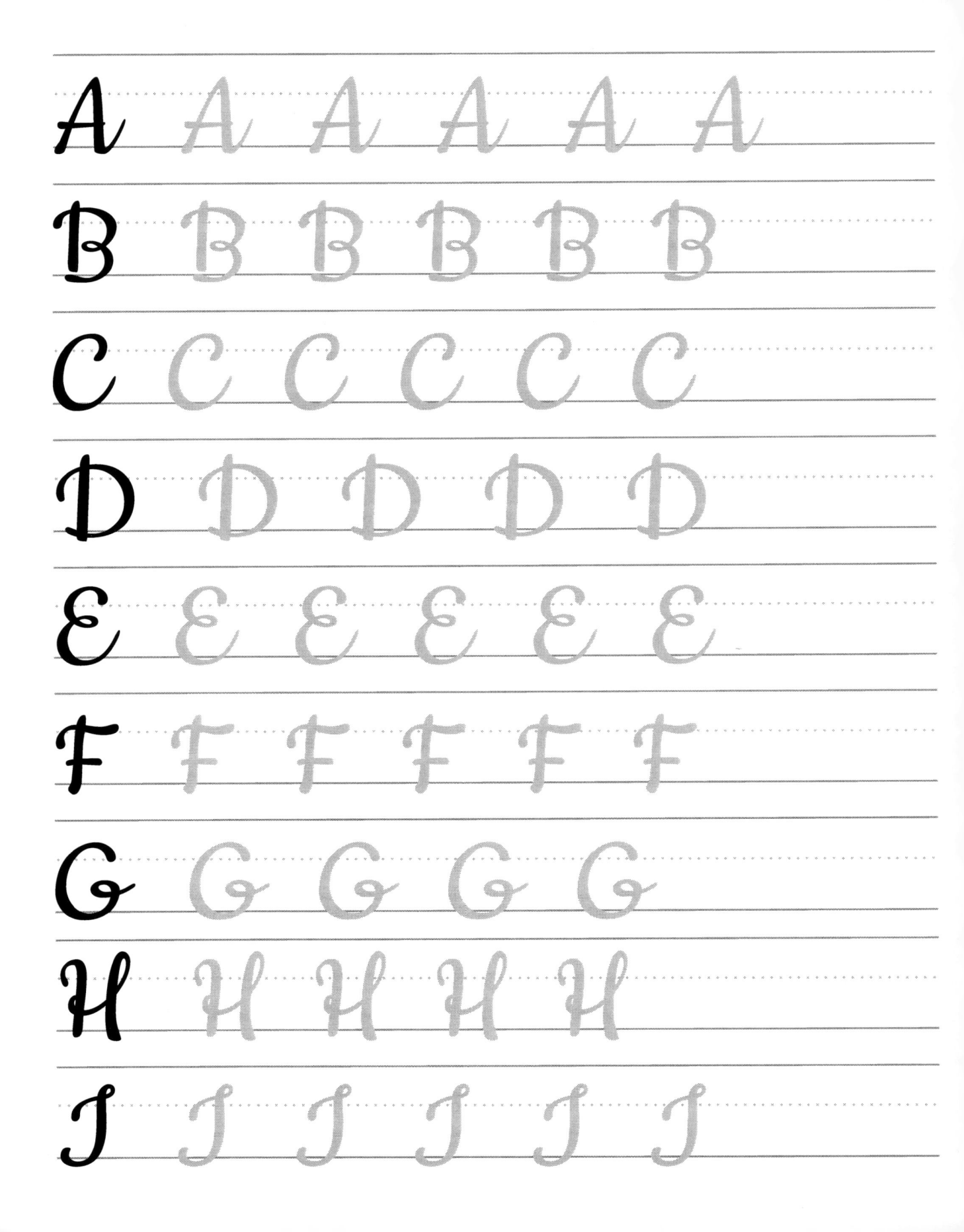

A A A A A A
B B B B B B
C C C C C C
D D D D D D
E E E E E E
F F F F F F
G G G G G G
H H H H H H
J J J J J J

J J J J J J J
K K K K K K K
L L L L L L L
M M M M M M M
N N N N N N N
O O O O O O
P P P P P P
Q Q Q Q Q Q
R R R R R R

S S S S S S S
T T T T T T T
U U U U U U U
V V V V V V V
W W W W W W W
X X X X X X X
Y Y Y Y Y Y Y
Z Z Z Z Z Z Z

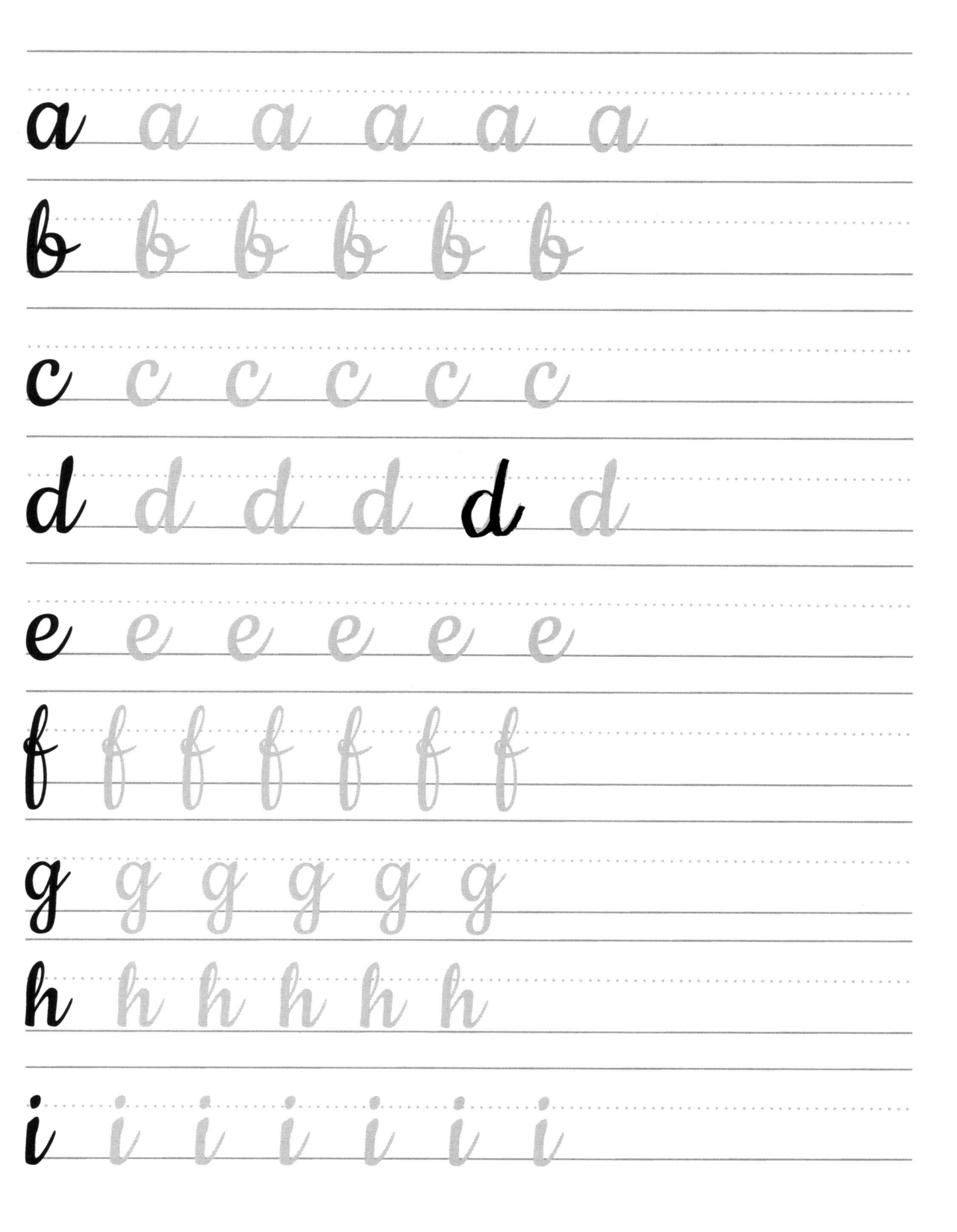

a	a a a a a
b	b b b b b
c	c c c c c
d	d d d **d** d
e	e e e e e
f	f f f f f f
g	g g g g g
h	h h h h h
i	i i i i i i

j j j j j j j

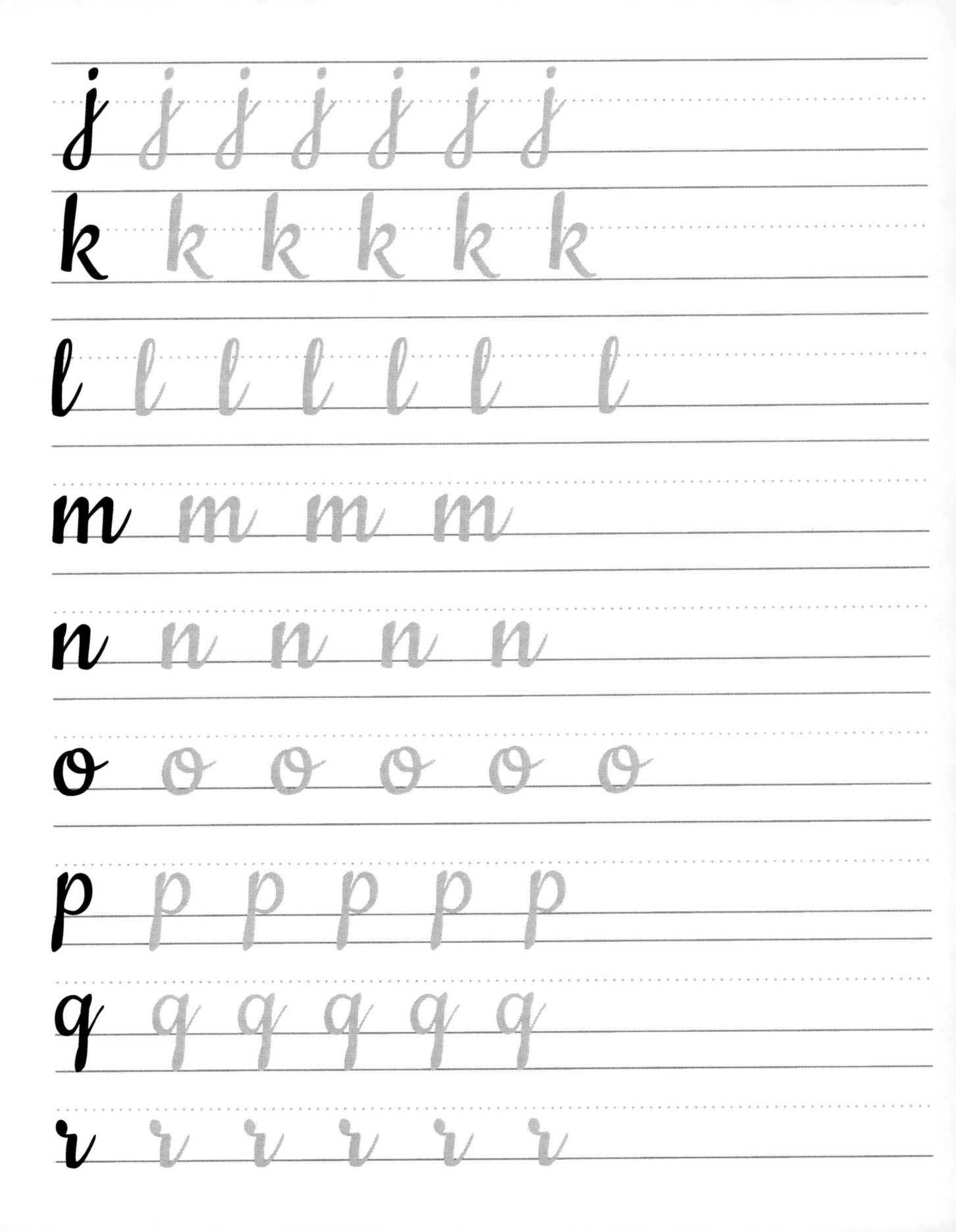

k k k k k k

l l l l l l l

m m m m

n n n n n

o o o o o o

p p p p p p

q q q q q

r r r r r r

s s s s s s
t t t t t t t
u u u u u
v v v v v v
w w w w w
x x x x x x
y y y y y y y
z z z z z z

Kingthings

A B C D E F G H I J K L M
N O P Q R S T U V W X Y Z

a b c d e f g h i j k l m
n o p q r s t u v w x y z

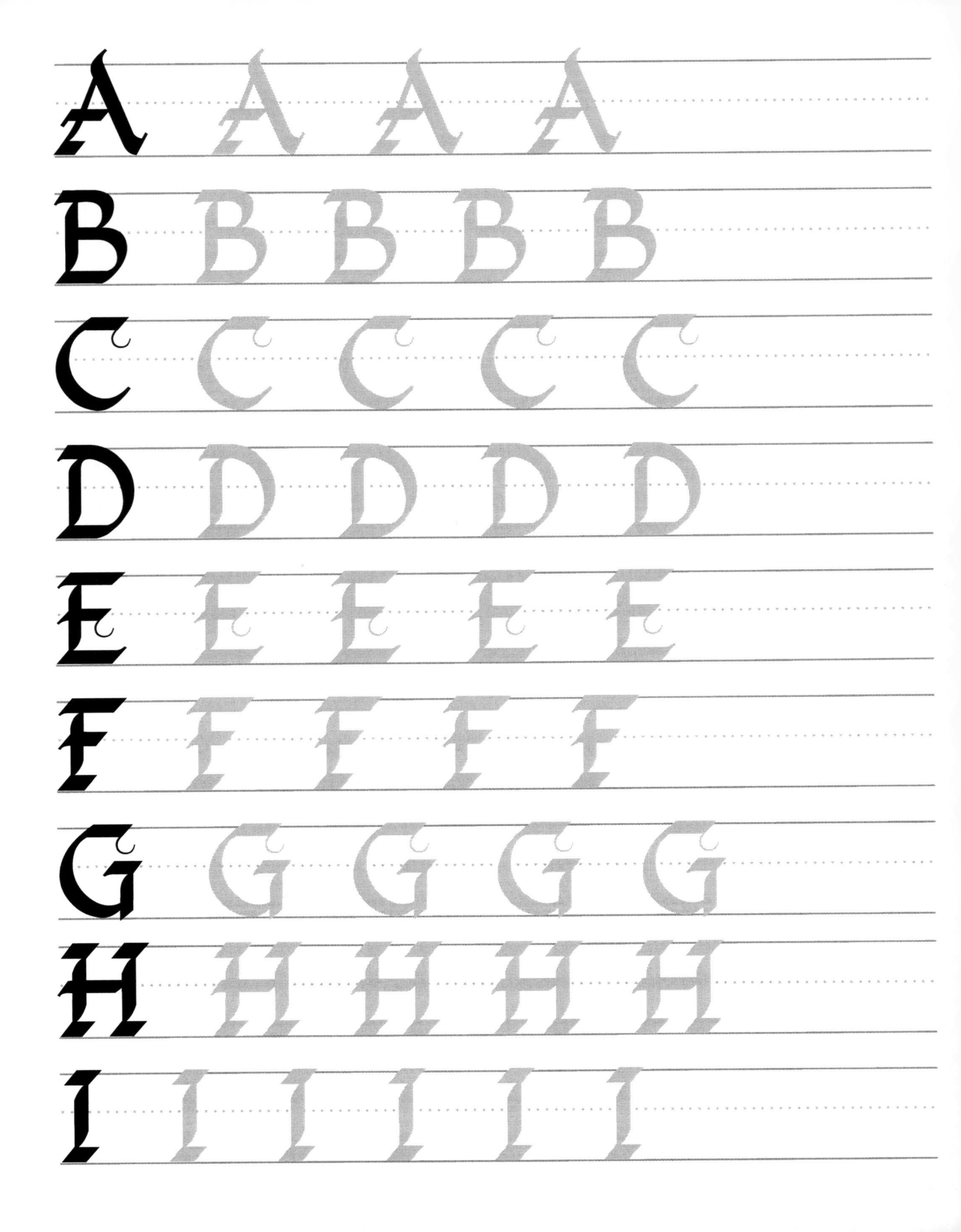

A A A A A
B B B B B
C C C C C
D D D D D
E E E E E
F F F F F
G G G G G
H H H H H
I I I I I

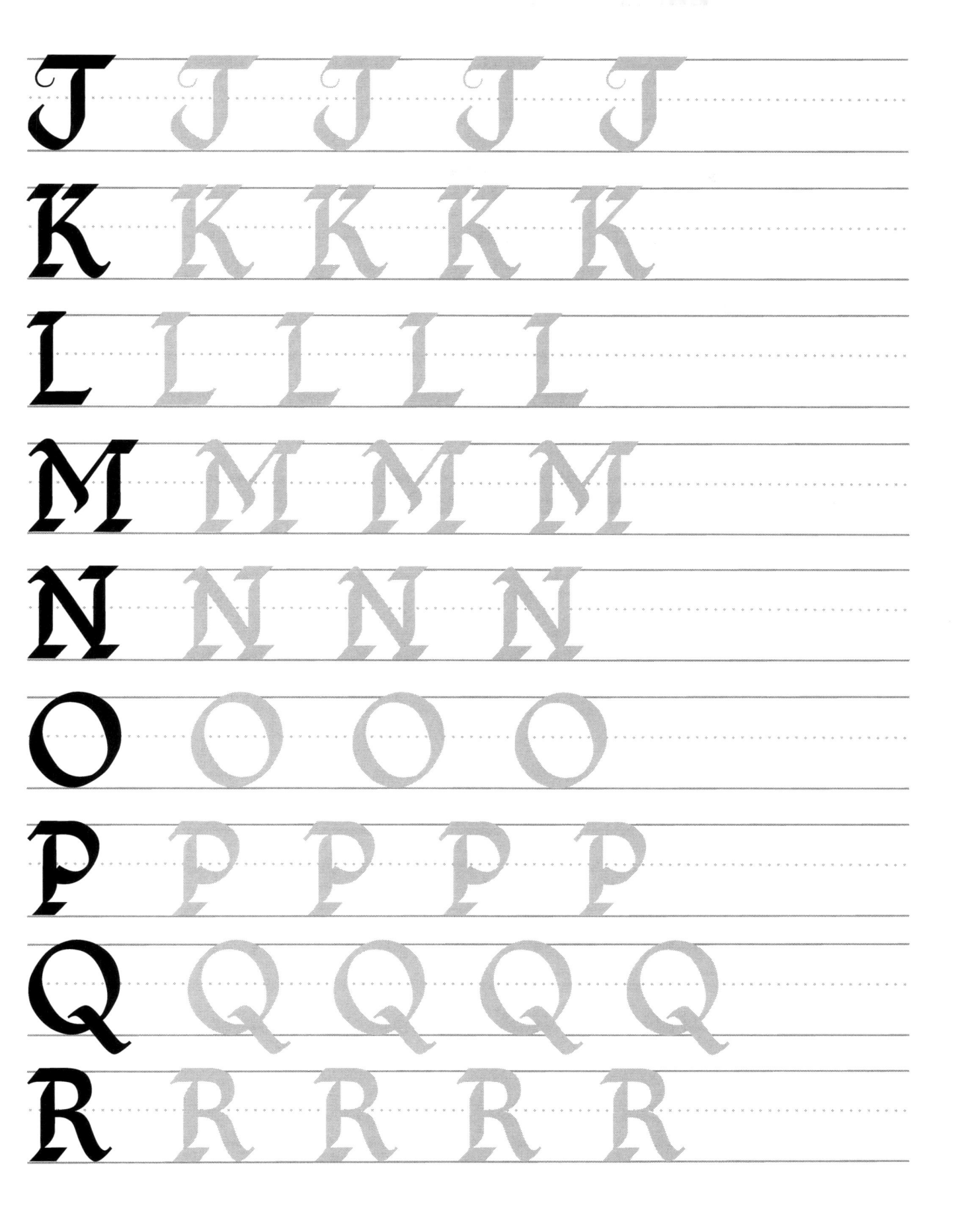

J J J J J
K K K K K
L L L L L
M M M M
N N N N
O O O O
P P P P P
Q Q Q Q Q
R R R R R

S S S S S

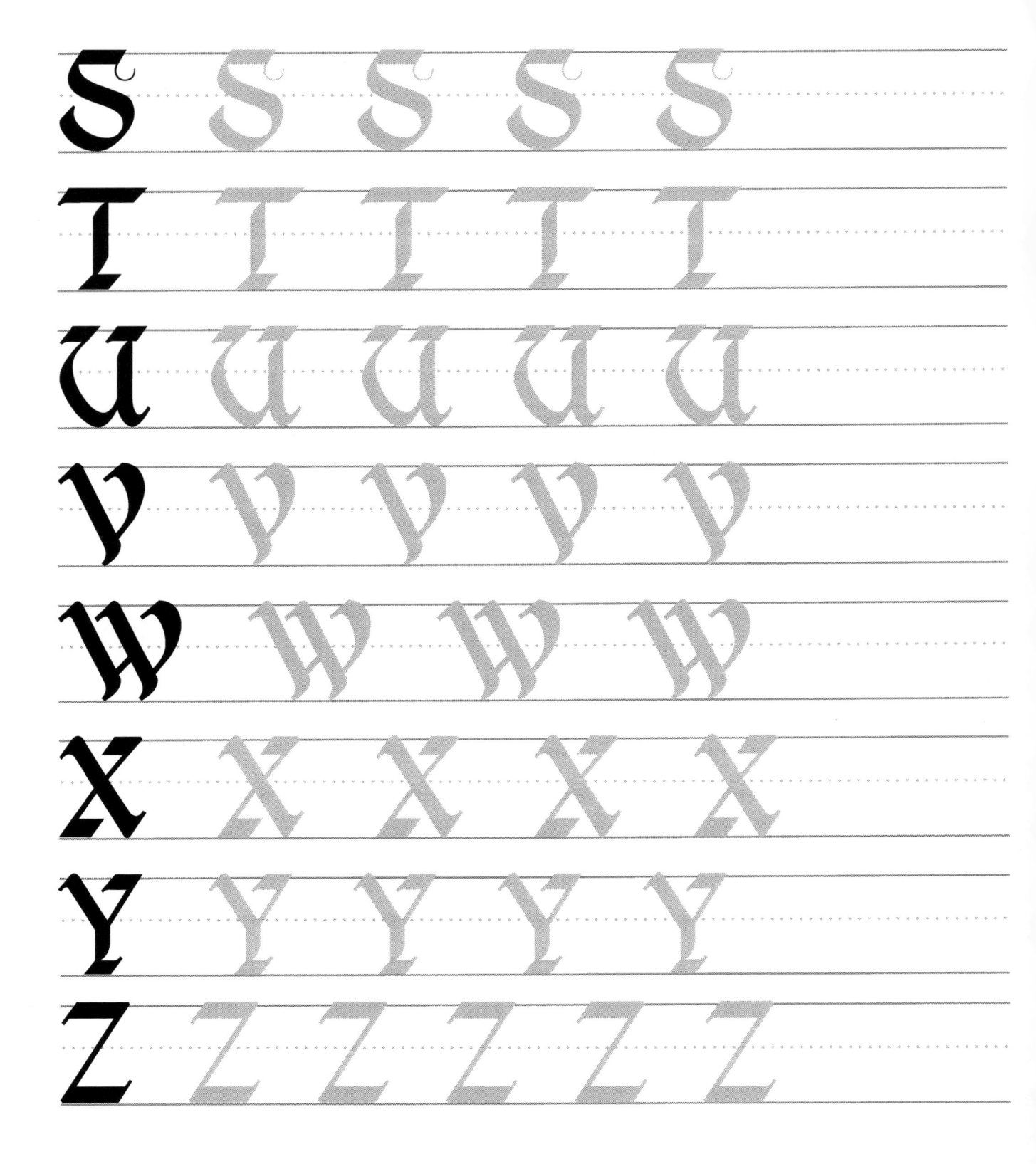

T T T T T

U U U U U

V V V V V

W W W W W

X X X X X

Y Y Y Y Y

Z Z Z Z Z

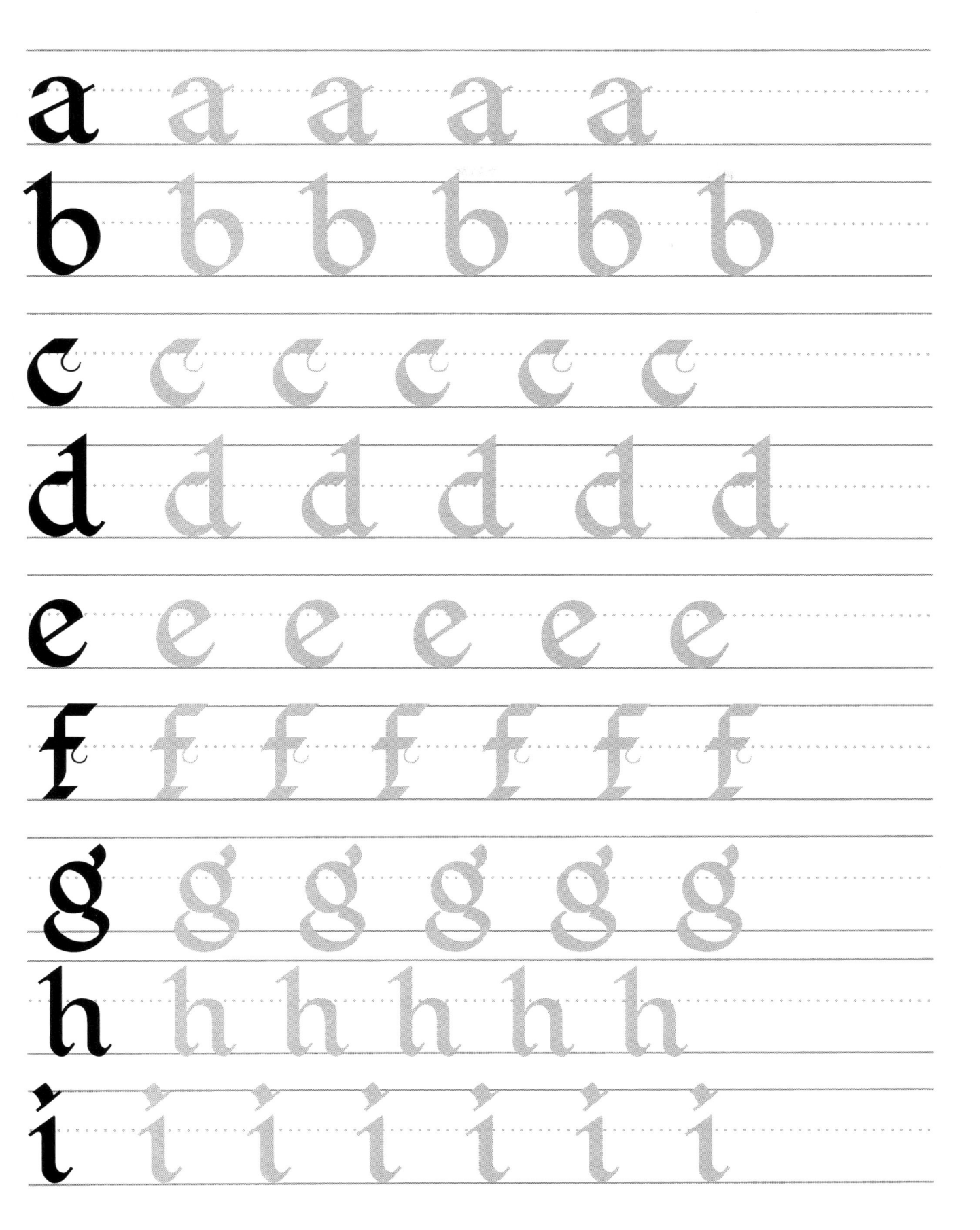

a a a a a
b b b b b
c c c c c
d d d d d
e e e e e
f f f f f
g g g g g
h h h h h
i i i i i

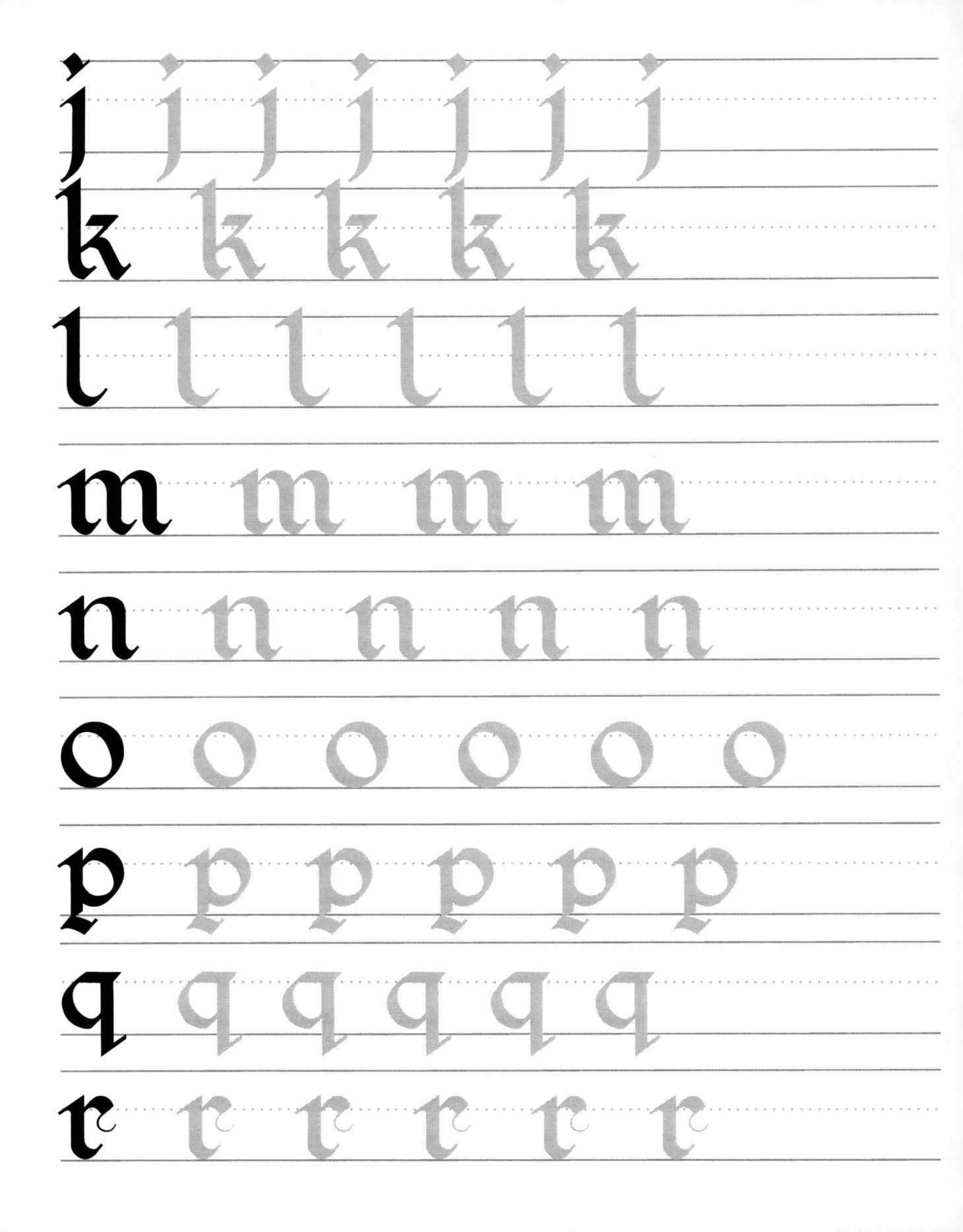

j j j j j j
k k k k k k
l l l l l l
m m m m m
n n n n n
o o o o o o
p p p p p p
q q q q q q
r r r r r r

s s s s s
t t t t t
u u u u
v v v v v
w w w w
x x x x x
y y y y y
z z z z z z

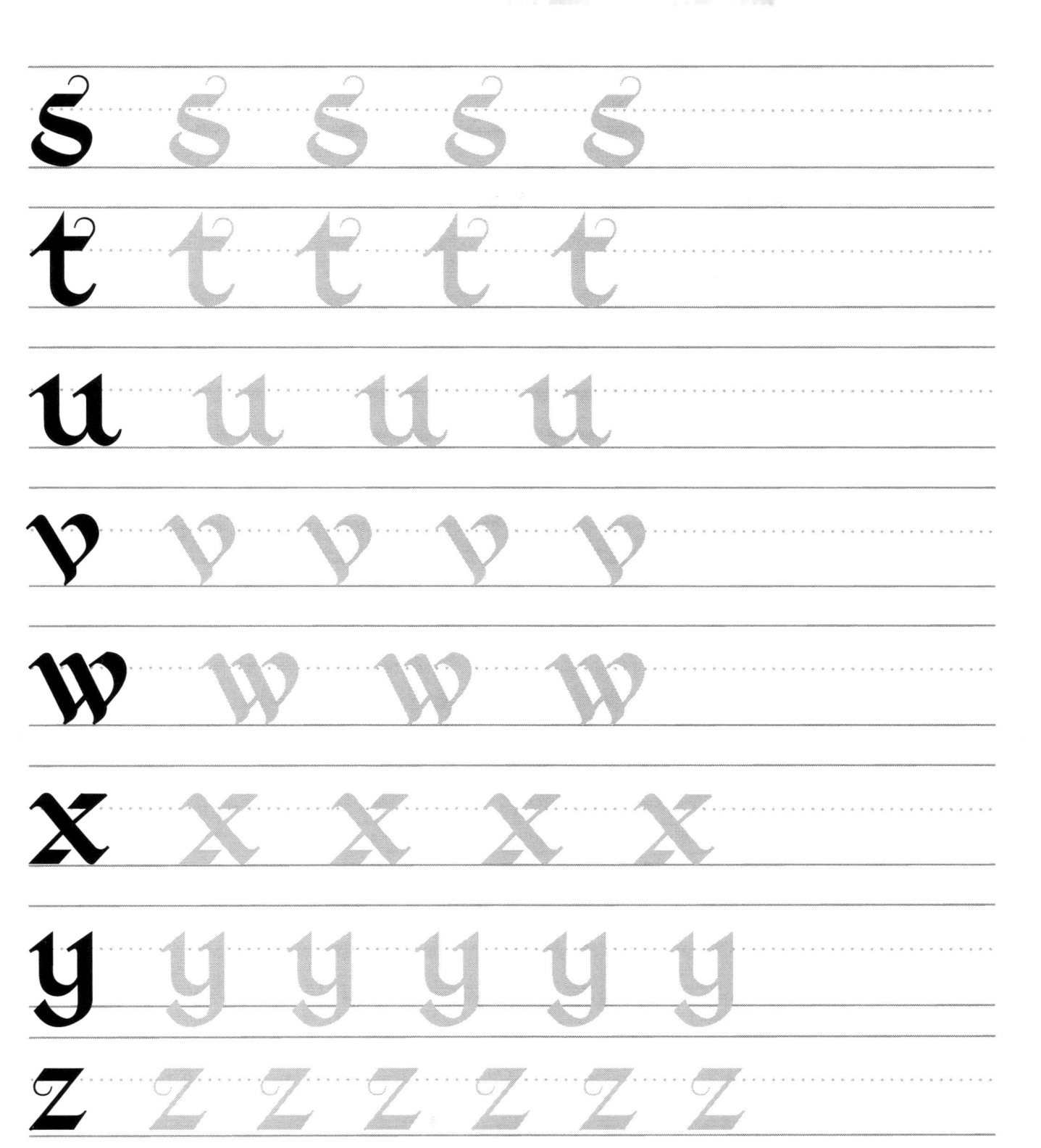

Pacifico

A B C D E F G H I J K L M
N O P Q R S T U V W X Y Z

---

a b c d e f g h i j k l m
n o p q r s t u v w x y z

a a a a a a
B B B B B B
C C C C C C
D D D D D D
E E E E E E
F F F F F F
G G G G G G
H H H H H H
I I I I I I I I

J J J J J J J J J

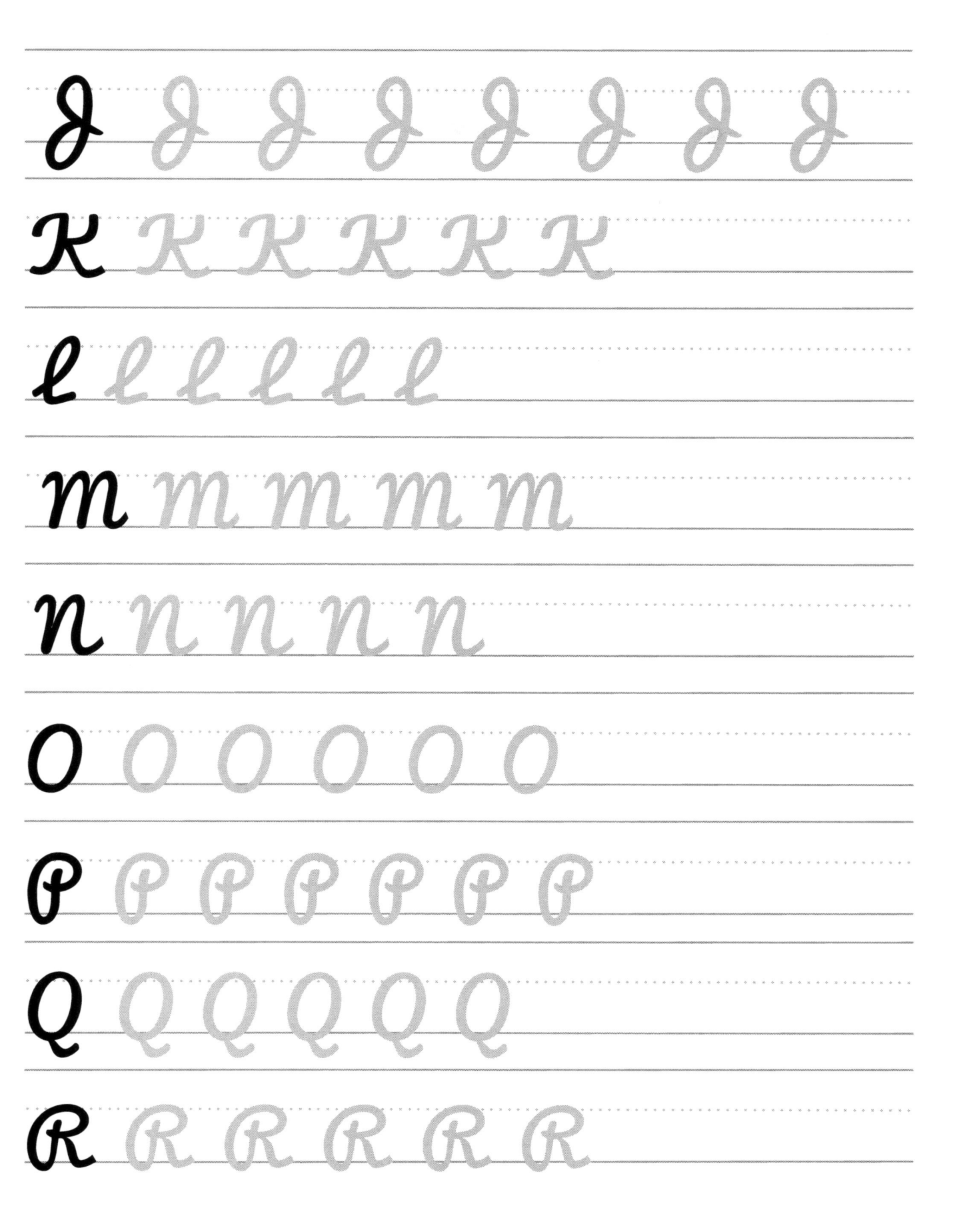

K K K K K K K

l l l l l l

m m m m m m

n n n n n

O O O O O O O

P P P P P P P

Q Q Q Q Q Q Q

R R R R R R

S S S S S S S

T T T T T T

U U U U U U U

K K K K K K

W W W W W W

X X X X X X

Y Y Y Y Y Y Y

Z Z Z Z Z Z Z

a a a a a a
b b b b b b
c c c c c c
d d d d d d
e e e e e e
f f f f f f
g g g g g g
h h h h h h
i i i i i i i

j j j j j j j

k k k k k k

l l l l l l l

m m m m

n n n n n

o o o o o o

p p p p p p

q q q q q q

r r r r r r

s s s s s s
t t t t t t t
u u u u u
v v v v v v
w w w w w
x x x x x x
y y y y y y y
z z z z z z z

LATO

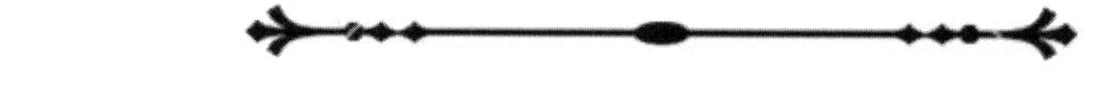

A B C D E F G H I J K L M
N O P Q R S T U V W X Y Z

---

a b c d e f g h i j k l m
n o p q r s t u v w x y z

A A A A A
B B B B B B
C C C C C C
D D D D D D
E E E E E E
F F F F F F
G G G G G G
H H H H H H
I I I I I I I

J K L M N O P Q R

J J J J J J
K K K K K
L L L L L
M M M M
N N N N N
O O O O O
P P P P P P
Q Q Q Q Q
R R R R R

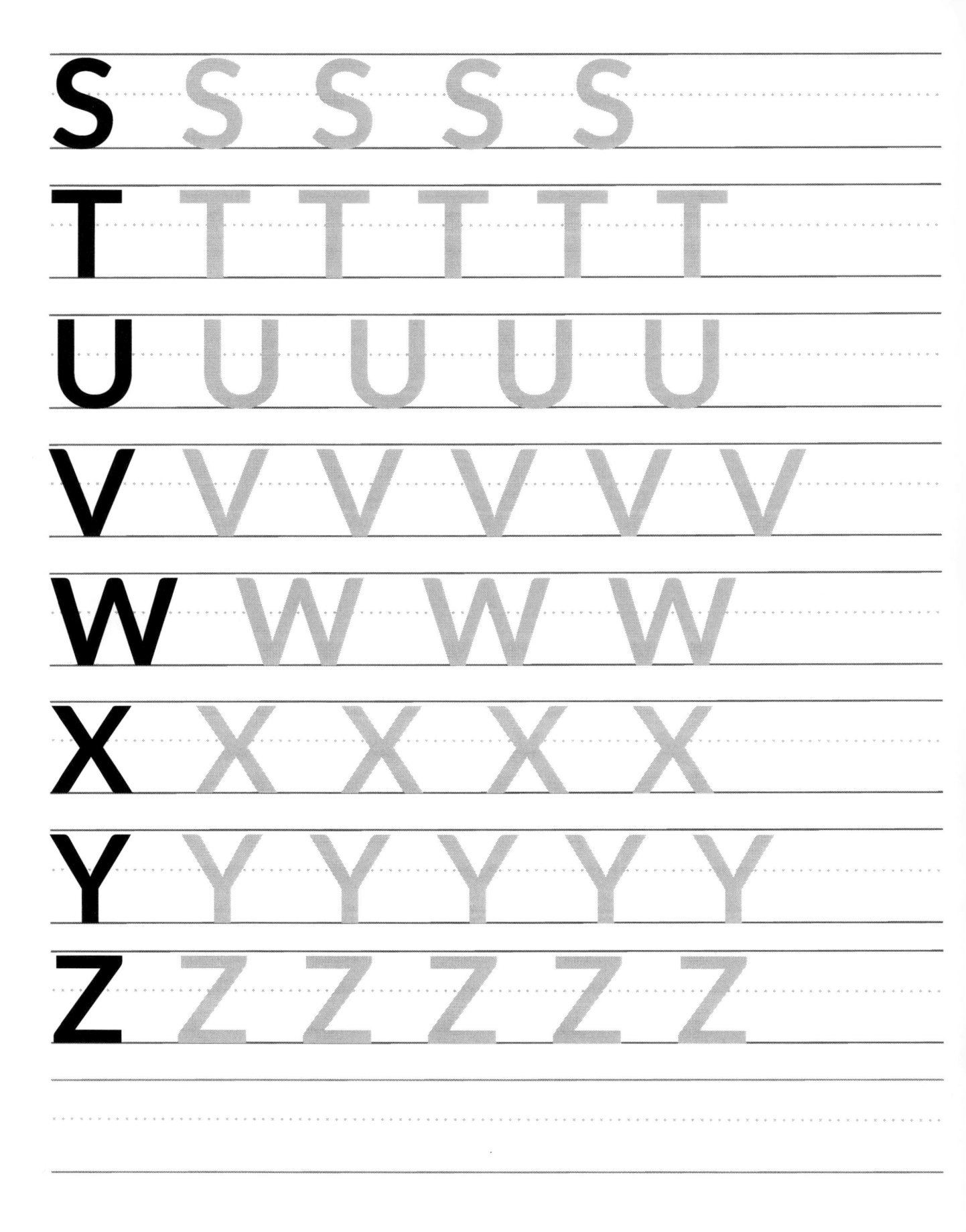

S S S S S
T T T T T T
U U U U U U
V V V V V V
W W W W W
X X X X X
Y Y Y Y Y Y
Z Z Z Z Z Z

a a a a a a
b b b b b b
c c c c c c
d d d d d d
e e e e e e
f f f f f f
g g g g g g
h h h h h h
i i i i i i i

j j j j j j j

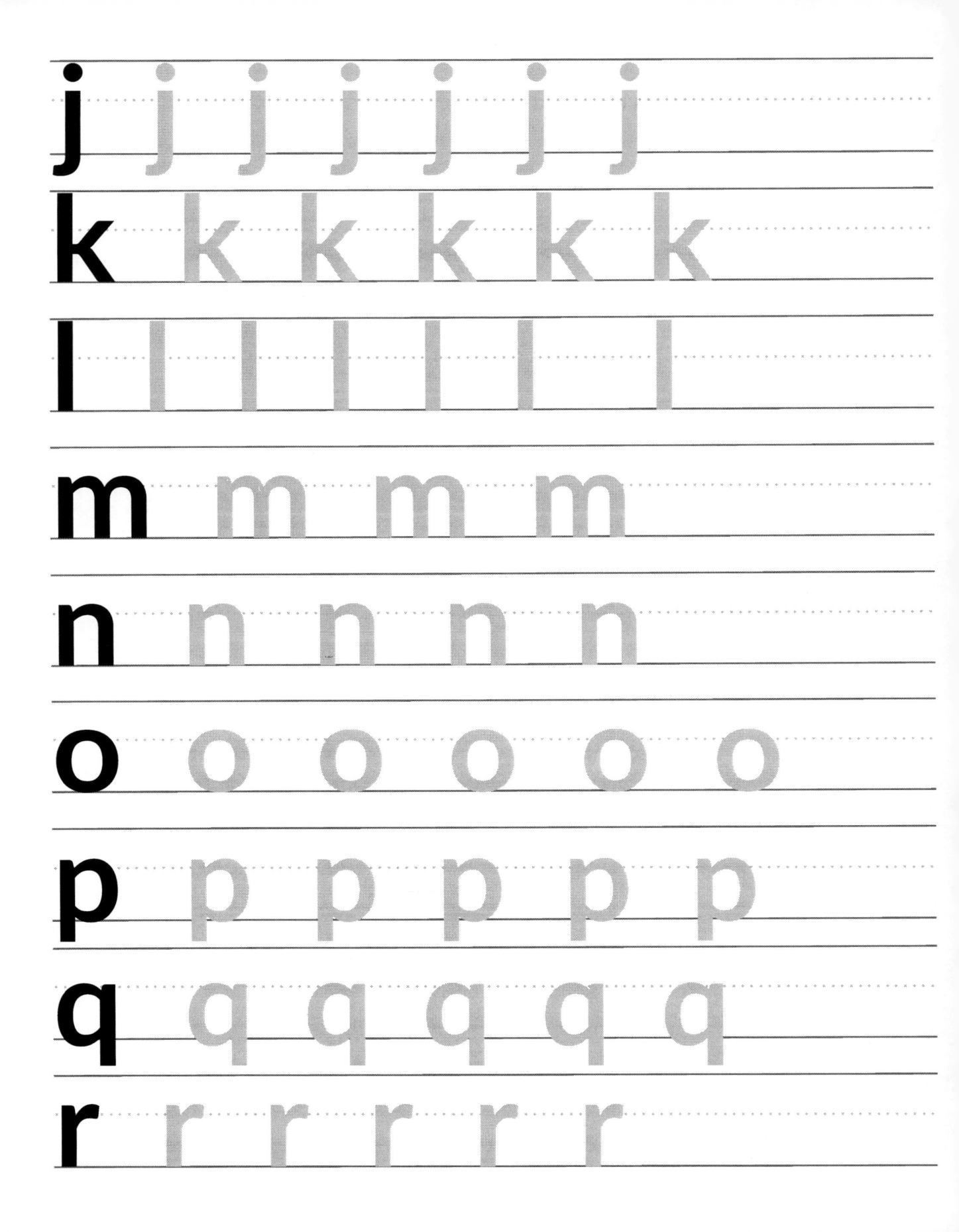

k k k k k k

l l l l l l l

m m m m m

n n n n n

o o o o o o

p p p p p p

q q q q q q

r r r r r r r

s s s s s s
t t t t t t t
u u u u u u
v v v v v v v
w w w w w w
x x x x x x
y y y y y y y
z z z z z z z

Comic

A B C D E F G H I J K L M
N O P Q R S T U V W X Y Z

a b c d e f g h i j k l m
n o p q r s t u v w x y z

A A A A A
B B B B B
C C C C C
D D D D D
E E E E E
F F F F F
G G G G G
H H H H H
I I I I I

J J J J J J

K K K K K

L L L L L L

M M M M M

N N N N N

O O O O O

P P P P P P

Q Q Q Q Q

R R R R R

S	S	S	S	S
T	T	T	T	T
U	U	U	U	U
V	V	V	V	V
W	W	W	W	W
X	X	X	X	X
Y	y	y	y	y
Z	Z	Z	Z	Z

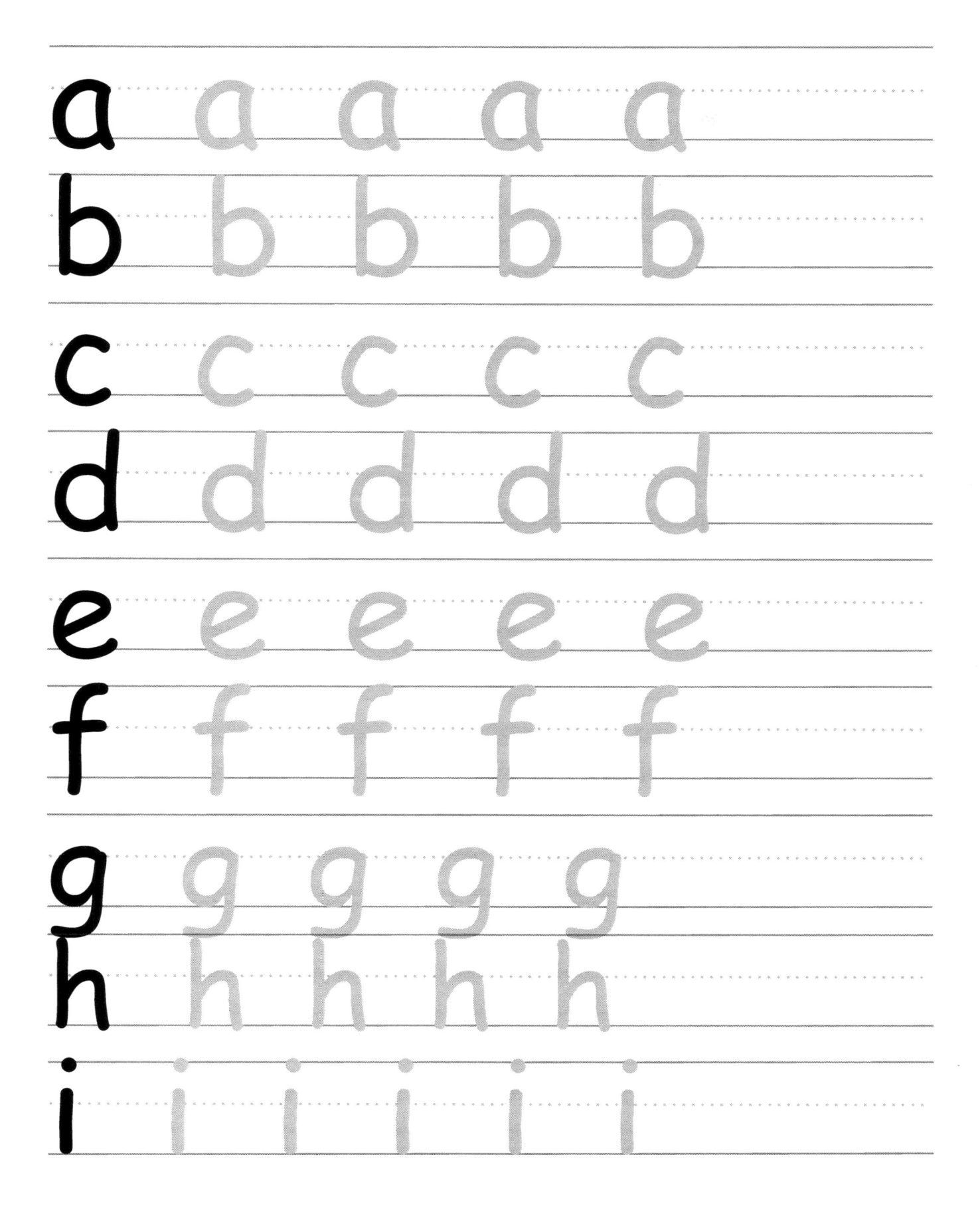

a a a a a
b b b b b
c c c c c
d d d d d
e e e e e
f f f f f
g g g g g
h h h h h
i i i i i

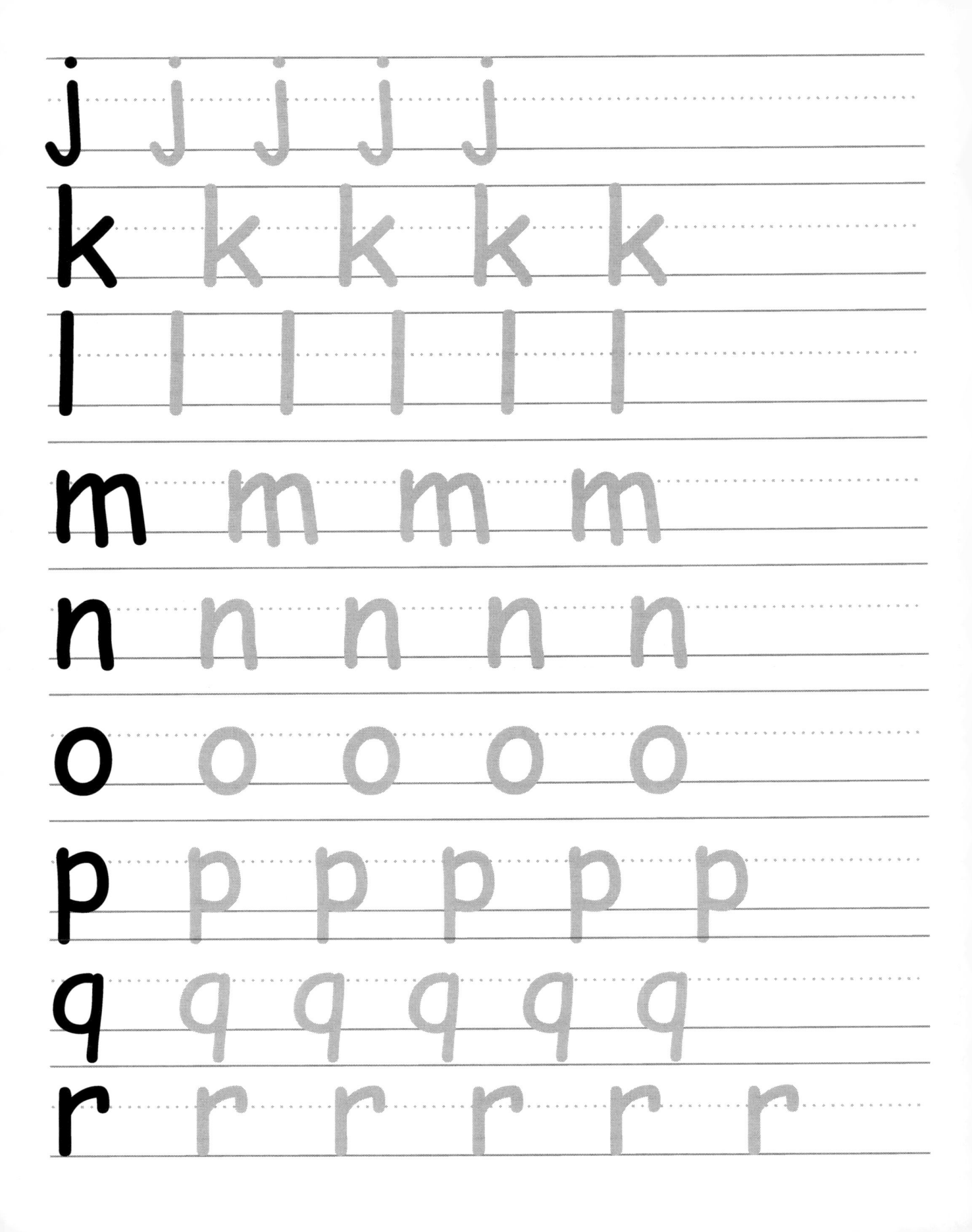

j j j j j
k k k k k
l l l l l
m m m m
n n n n n
o o o o
p p p p p
q q q q q
r r r r r

s s s s s

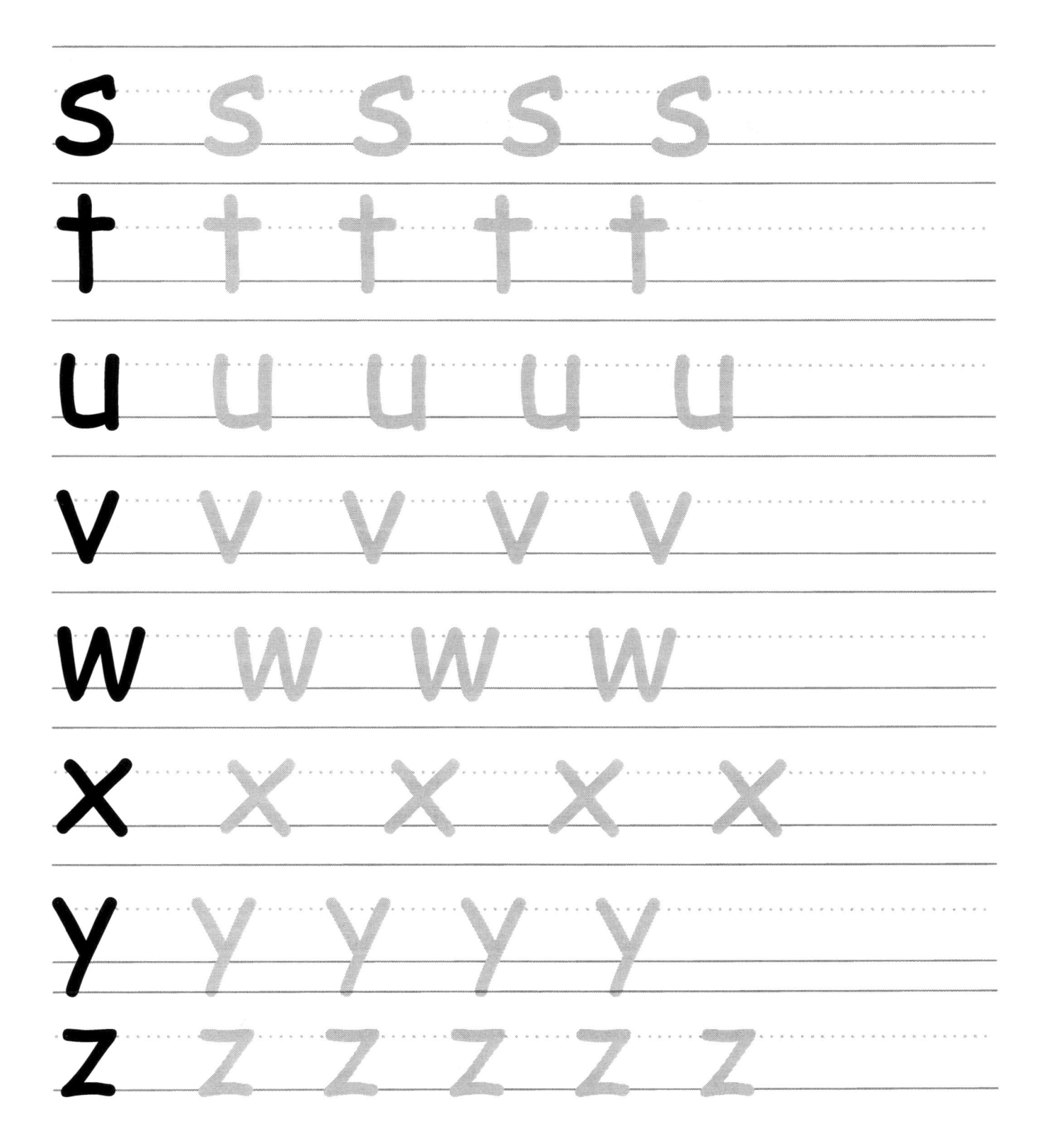

t t t t t

u u u u u

v v v v v

w w w w w

x x x x x

y y y y y

z z z z z

SELIMA

A B C D E F G H I J K L M
N O P Q R S T U V W X Y Z

---

a b c d e f g h i j k l m
n o p q r s t u v w x y z

A A A A A A A
B B B B B B B
C C C C C C C
D D D D D D D
E E E E E E E
F F F F F F F
G G G G G G G
H H H H H H H
I I I I I I I

J J J J J J
K K K K K K
L L L L L L
m m m m m m
n n n n n n
O O O O O O
P P P P P P
Q Q Q Q Q Q
R R R R R R

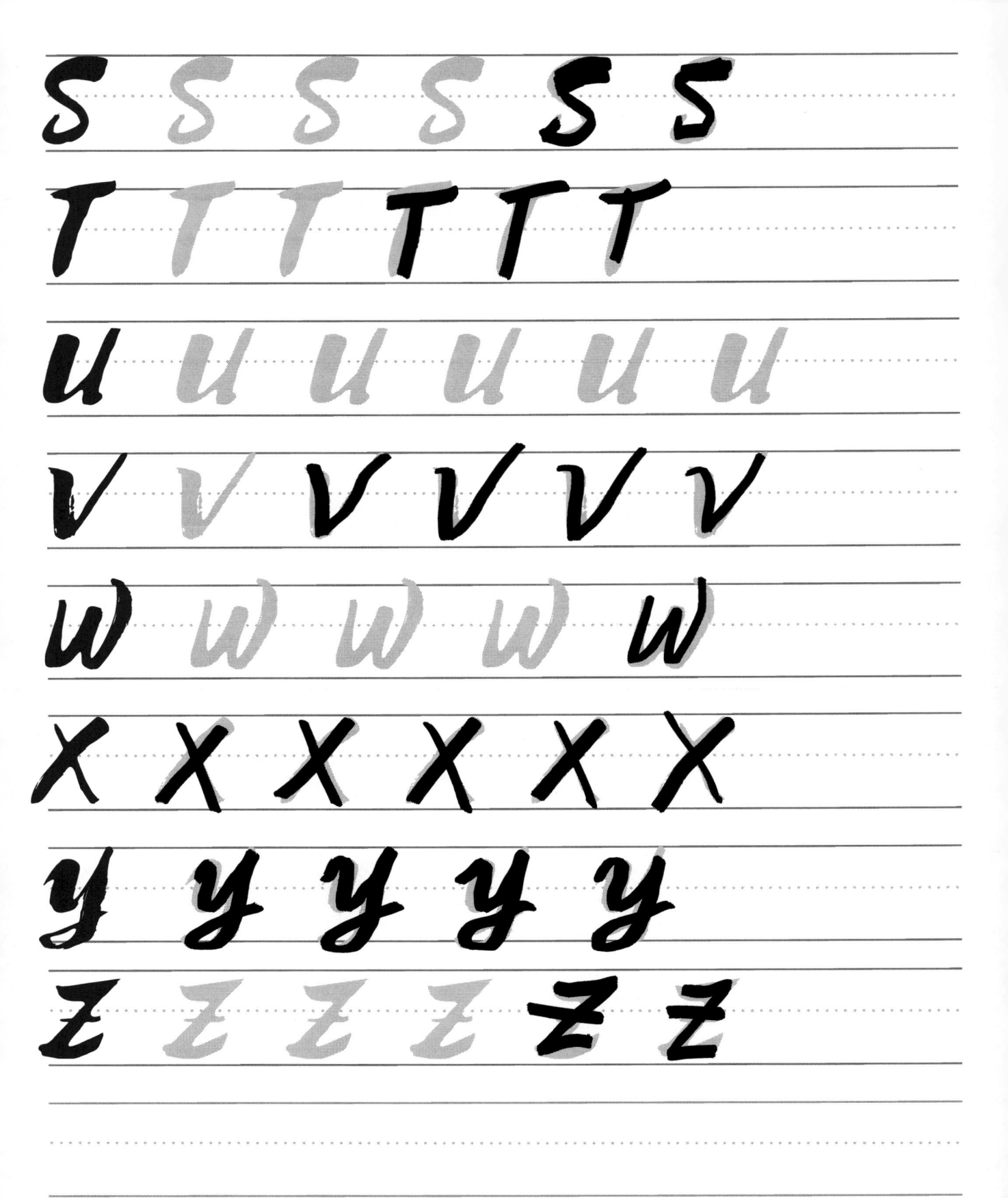

S S S S S S
T T T T T T
U U U U U U
V V V V V V
W W W W W W
X X X X X X
y y y y y y
Z Z Z Z Z Z

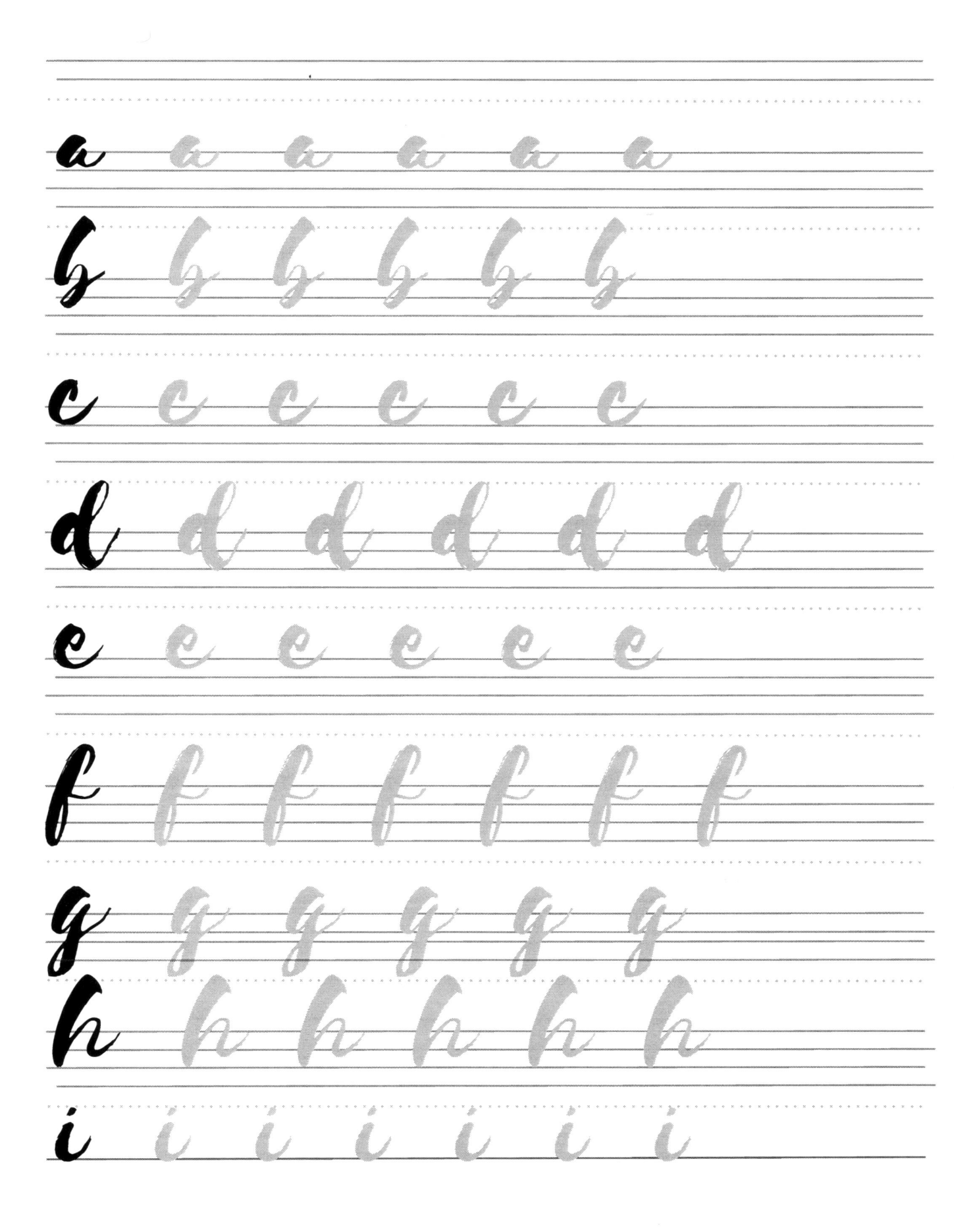

a a a a a a
b b b b b b
c c c c c c
d d d d d d
e e e e e
f f f f f f
g g g g g g
h h h h h h
i i i i i i i

j j j j j j j

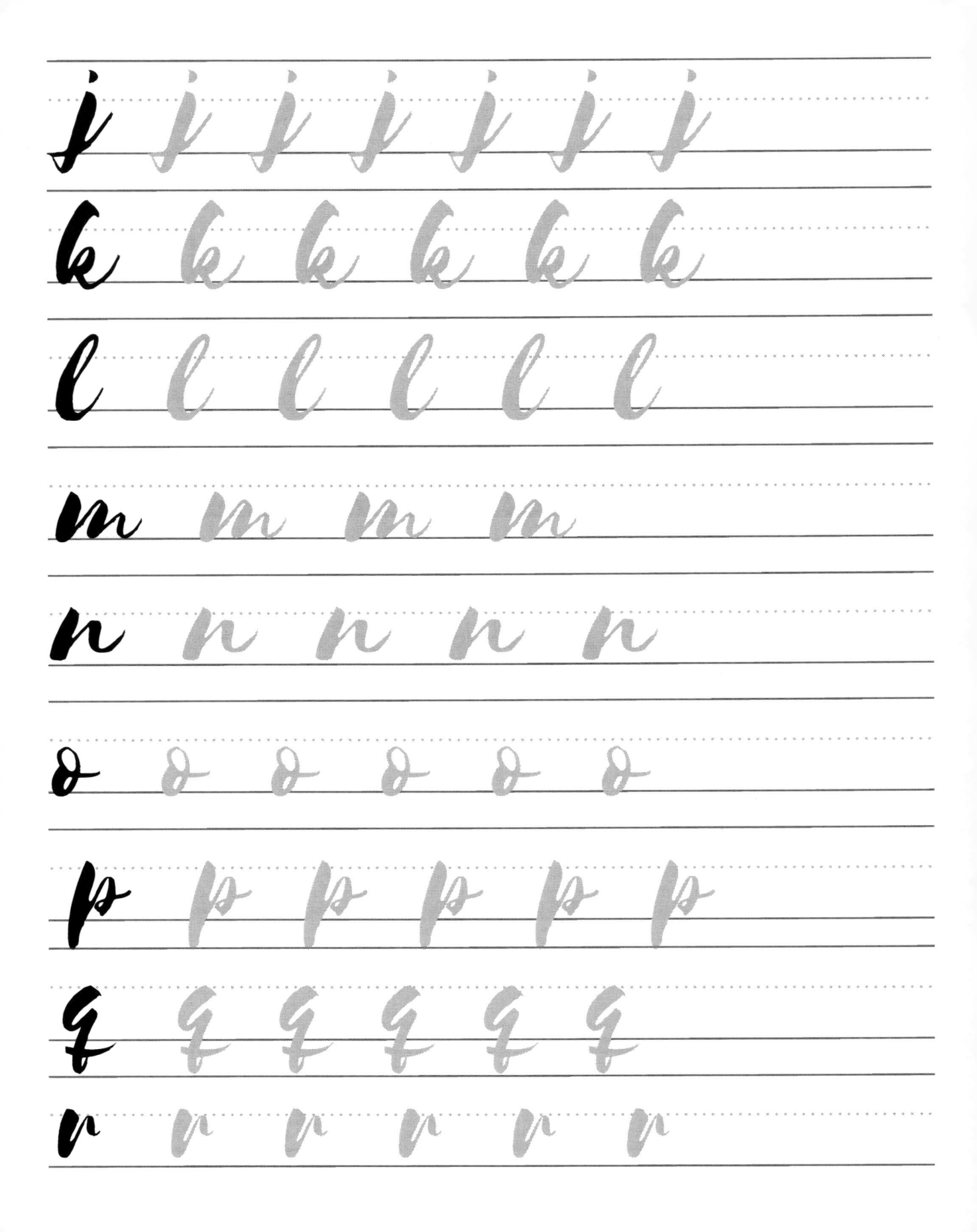

k k k k k k k

l l l l l l l

m m m m m

n n n n n

o o o o o o o

p p p p p p p

q q q q q q q

r r r r r r r

Cursive Letter Practice

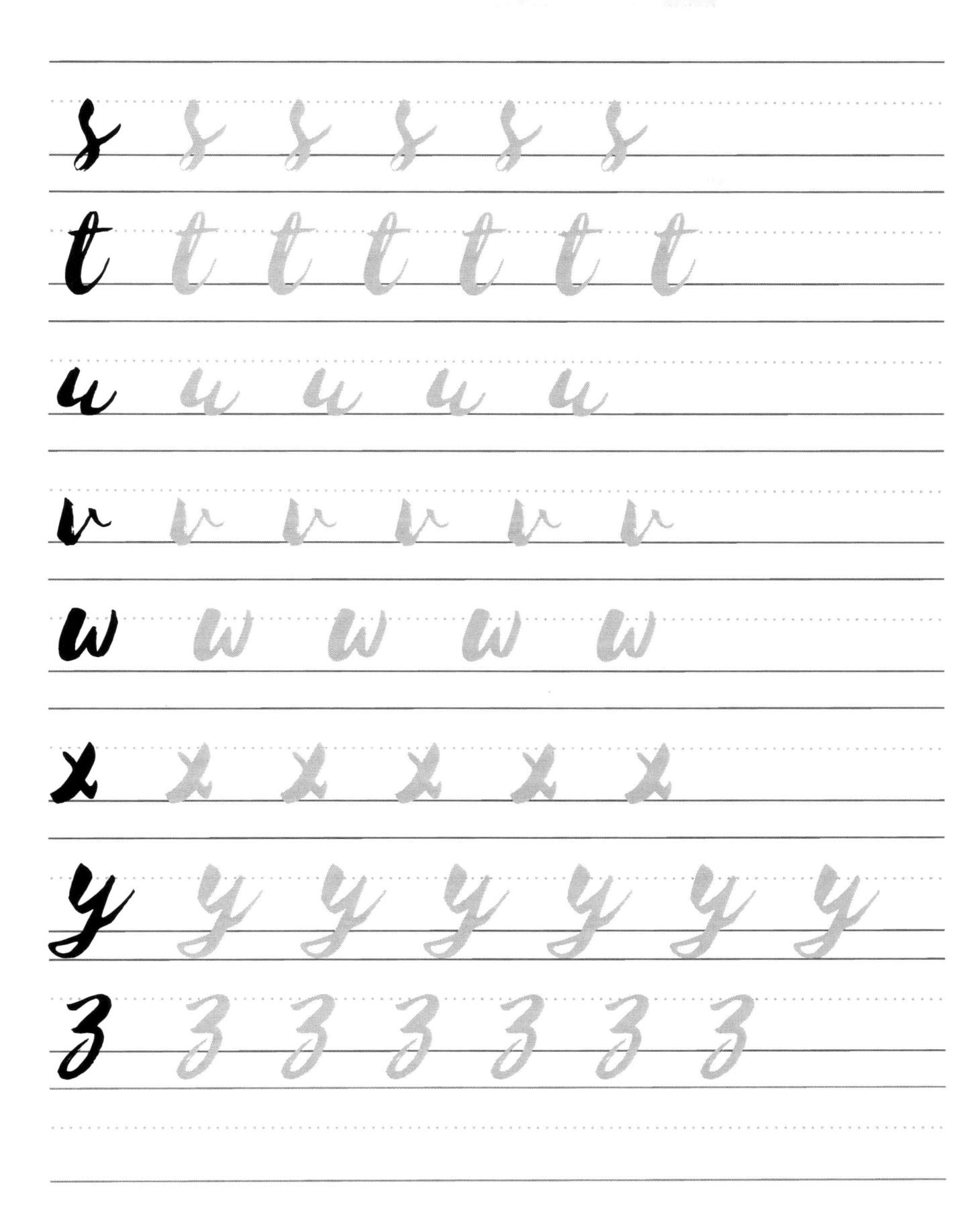

Letter	Practice
s	s s s s s
t	t t t t t
u	u u u u u
v	v v v v v
w	w w w w w
x	x x x x x
y	y y y y y y
z	z z z z z z

American Diner

A B C D E F G H I J K L M
N O P Q R S T U V W X Y Z

---

a b c d e f g h i j k l m
n o p q r s t u v w x y z

A B C D E F G H I

J J J J J J

K K K K

L L L L L L

M M M M M M

N N N N N

O O O O O

P P P P P

Q Q Q Q Q

R R R R R

S S S S S

T T T T T

U U U U U

V V V V V

W W W W

X X X X

Y Y Y Y Y

Z Z Z Z Z

a a a a a a
b b b b b b
c c c c c c
d d d d d d
e e e e e e
f f f f f f
g g g g g g
h h h h h h
i i i i i i

j j j j j j j

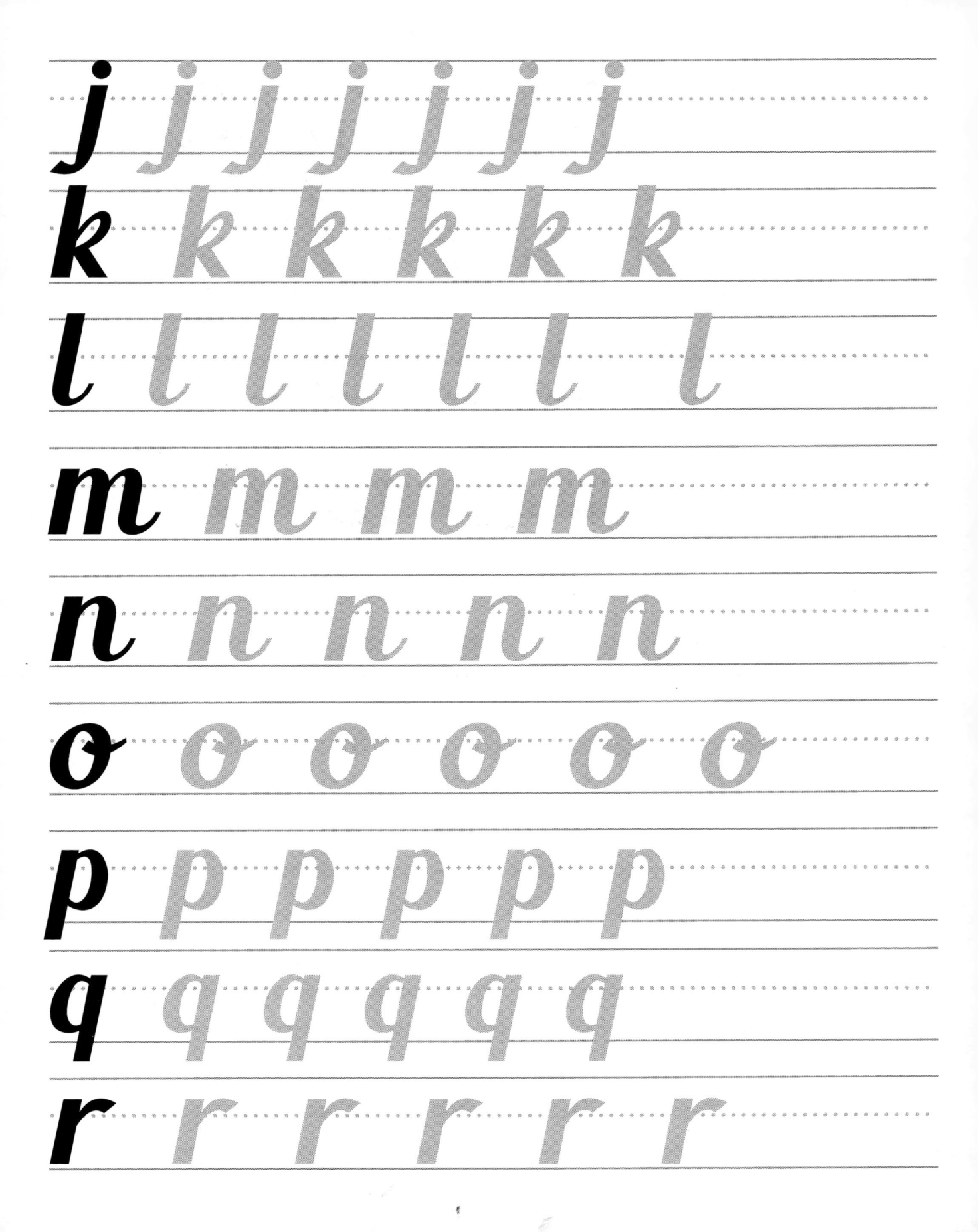

k k k k k k

l l l l l l l

m m m m m

n n n n n

o o o o o o

p p p p p p

q q q q q q

r r r r r r r

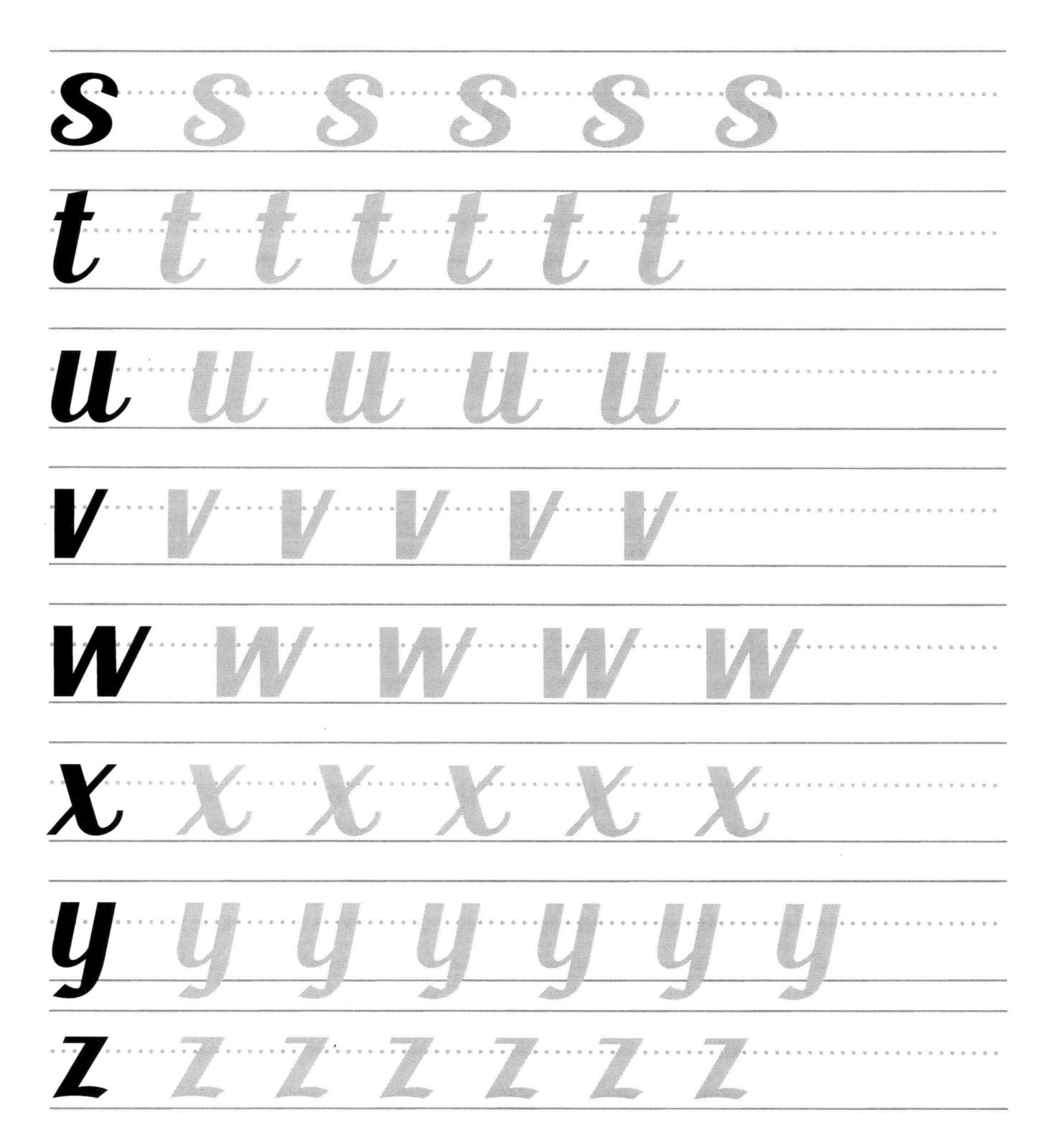

s s s s s s
t t t t t t
u u u u u u
v v v v v v
w w w w w w
x x x x x x
y y y y y y
z z z z z z

Sweet Sugar

A B C D E F G H I J K L M
N O P Q R S T U V W X Y Z

a b c d e f g h i j k l m
n o p q r s t u v w x y z

A A A A

B B B B

C C C C C

D D D D

E E E E

F F F F

G G G G

H H H H H

I I I I I

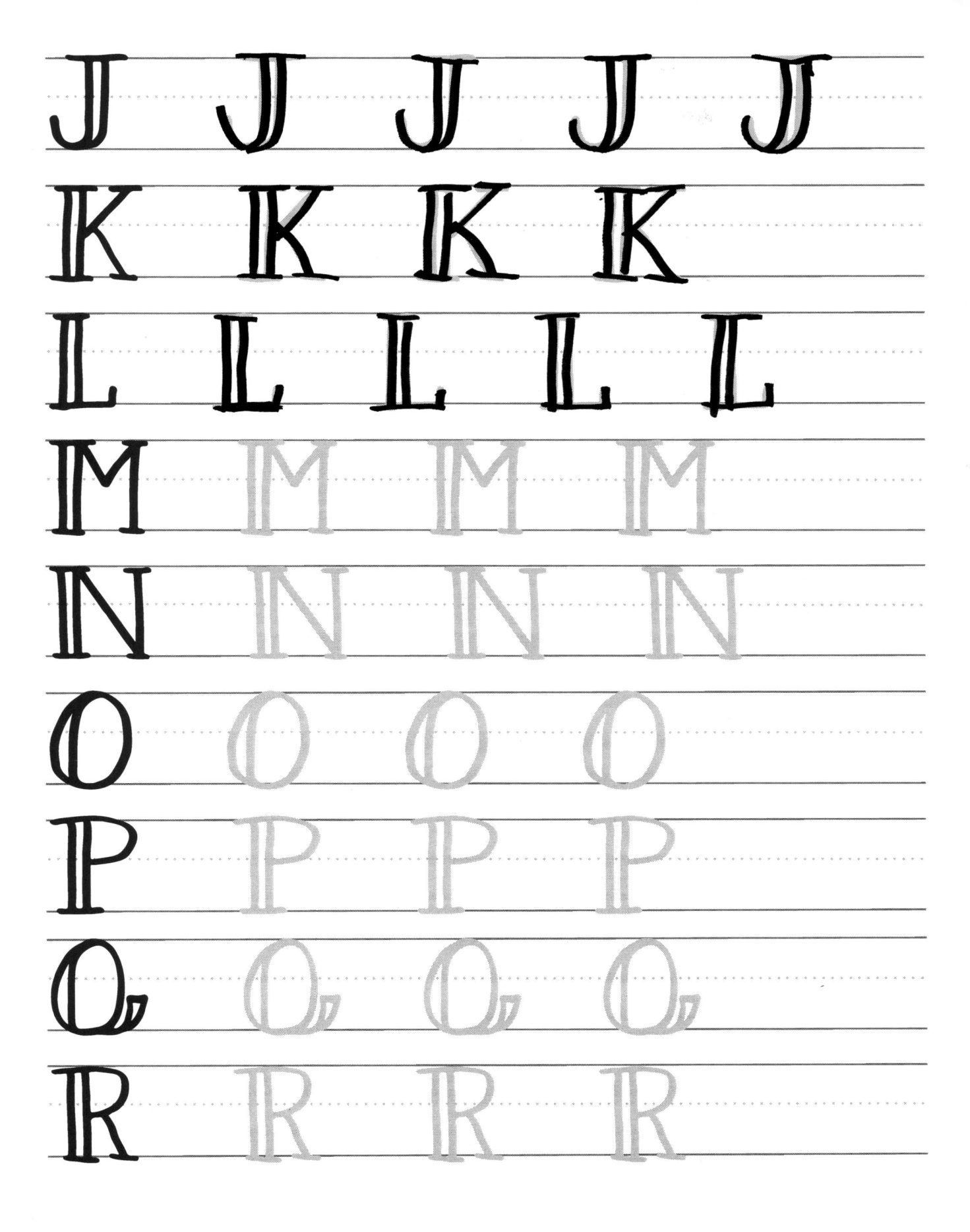

J J J J J
K K K K K
L L L L L
M M M M M
N N N N N
O O O O O
P P P P P
Q Q Q Q Q
R R R R R

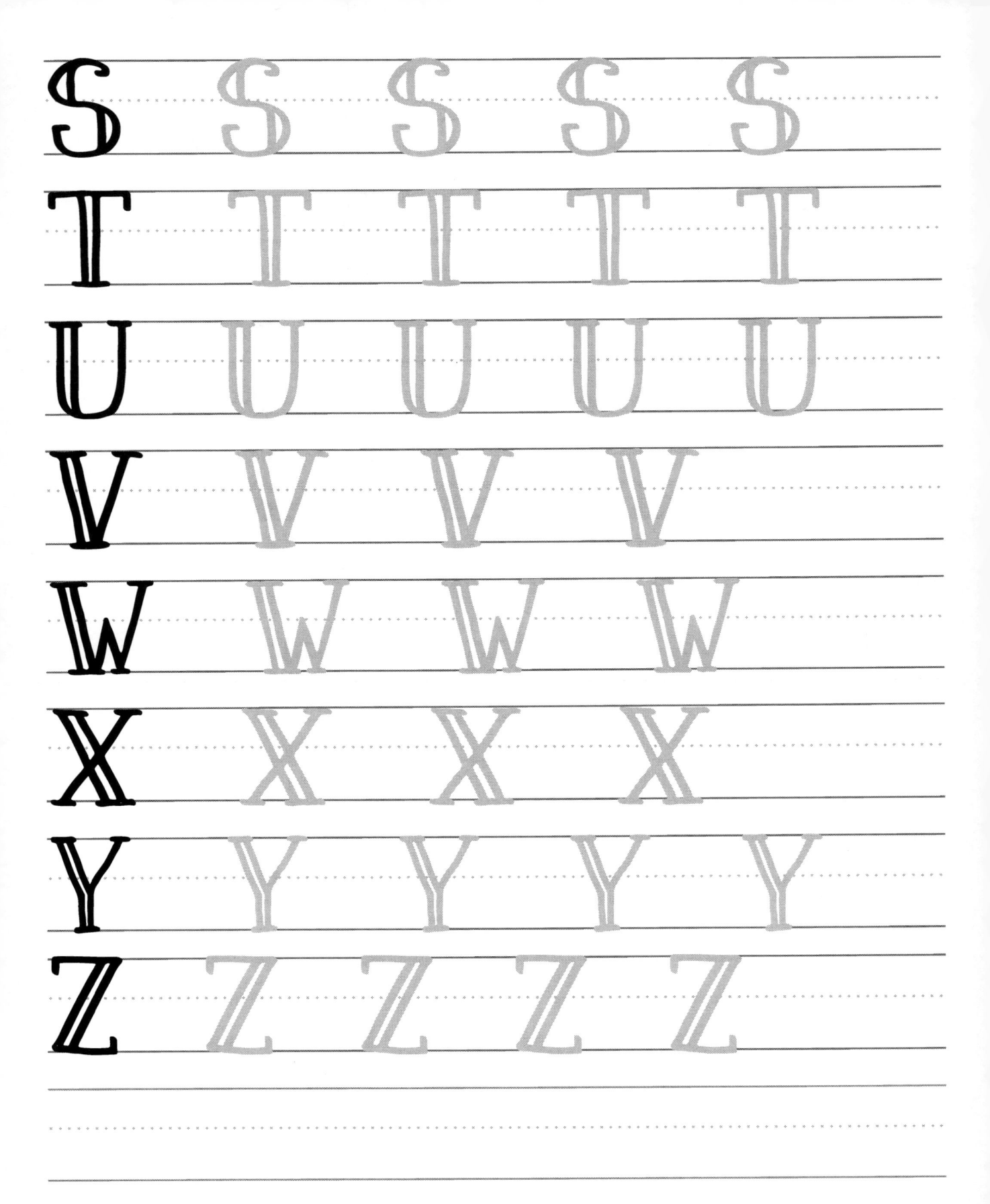

S S S S S
T T T T T
U U U U U
V V V V V
W W W W W
X X X X X
Y Y Y Y Y
Z Z Z Z Z

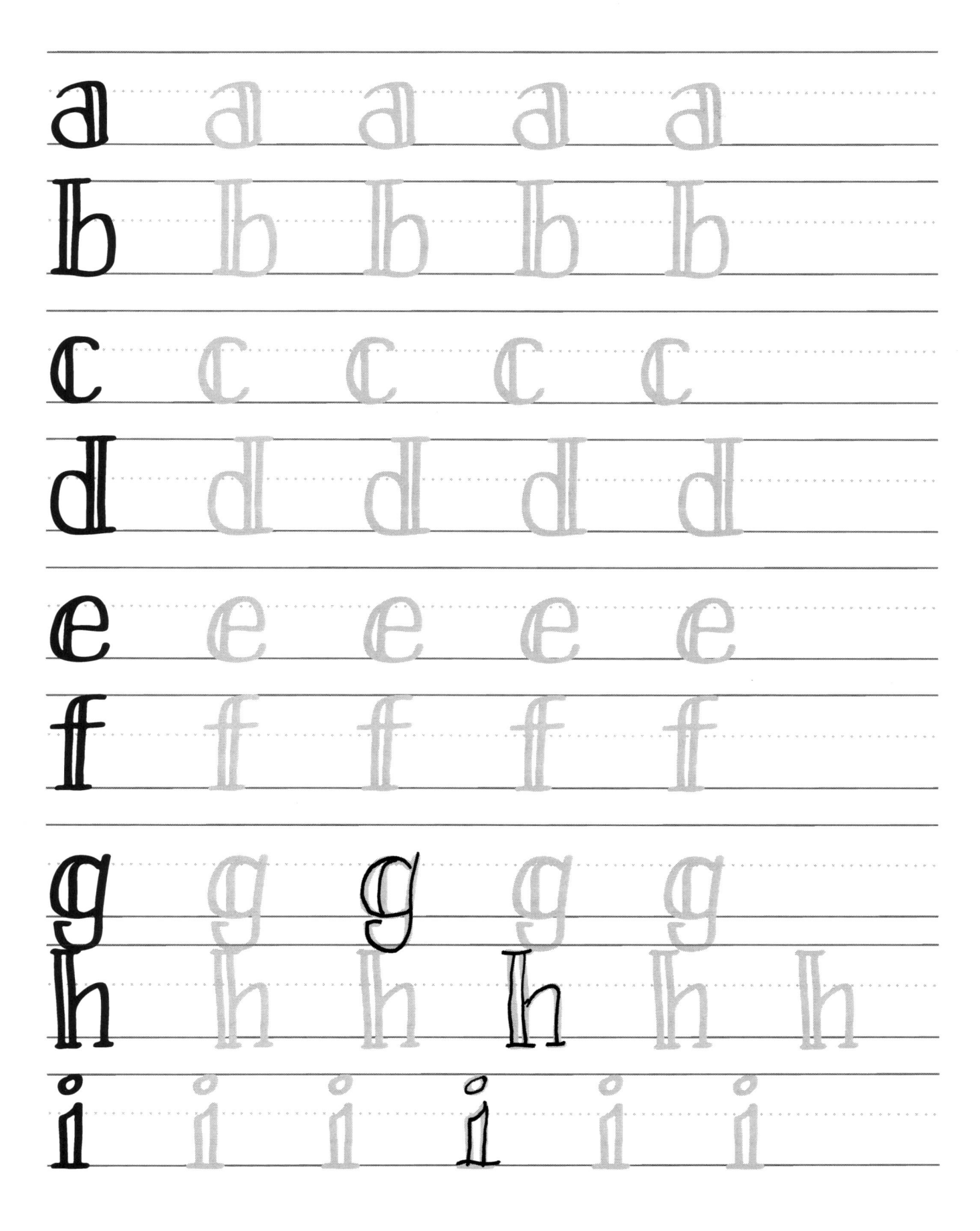

a a a a a
b b b b b
c c c c c
d d d d d
e e e e e
f f f f f
g g g g g
h h h h h
i i i i i

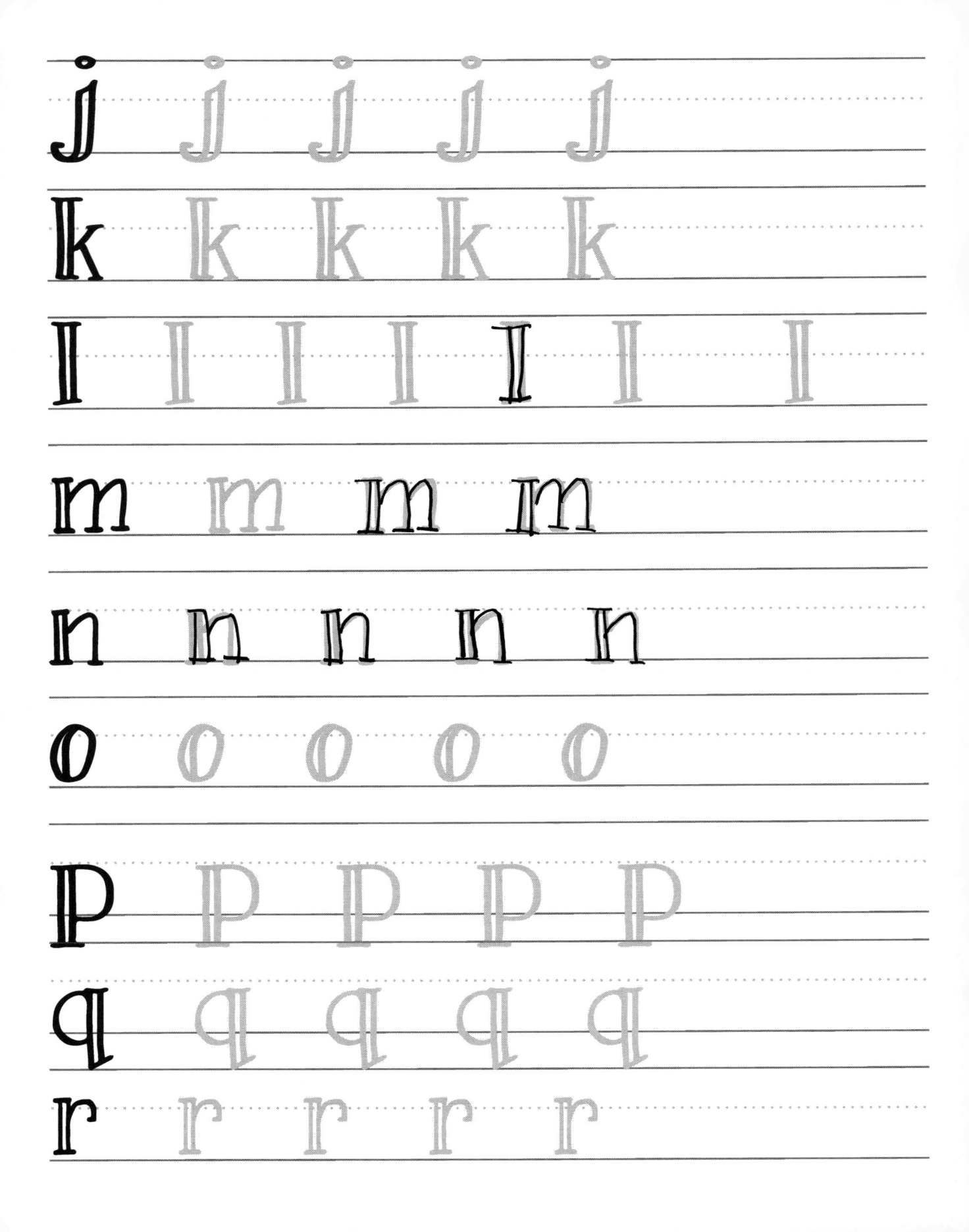

j j j j j
k k k k k
l l l l l l
m m m m
n n n n n
o o o o o
p p p p p
q q q q q
r r r r r

s s s s s

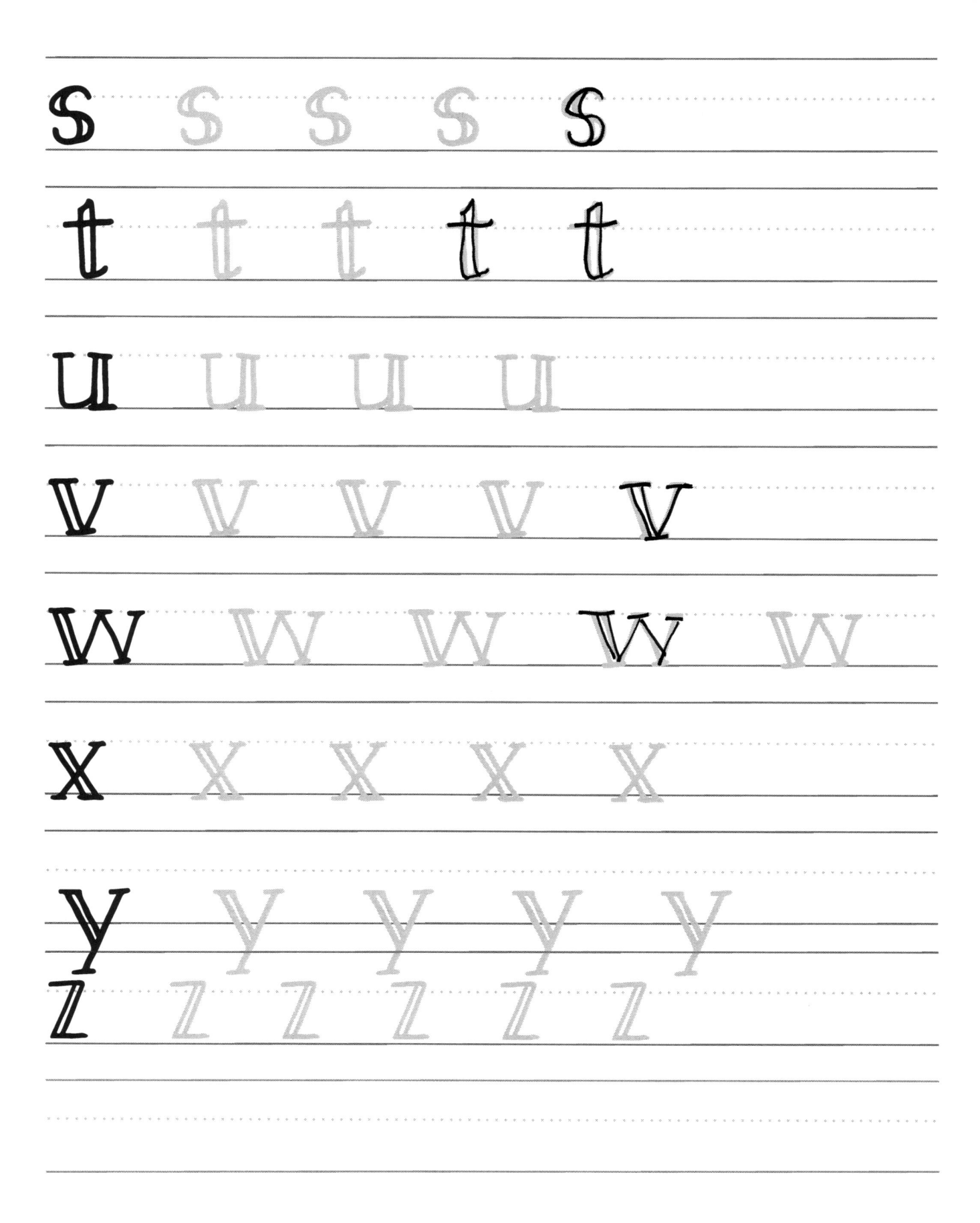

t t t t t

u u u u u

v v v v v

w w w w w

x x x x x

y y y y y

z z z z z z

Black Jack

A B C D E F G H I J K L M
N O P Q R S T U V W X Y Z

---

a b c d e f g h i j k l m
n o p q r s t u v w x y z

A	A	A	A	A
B	B	B	B	B
C	C	C	C	C
D	D	D	D	D
E	E	E	E	E
F	F	F	F	F
G	G	G	G	G
H	H	H	H	H
I	I	I	I	I

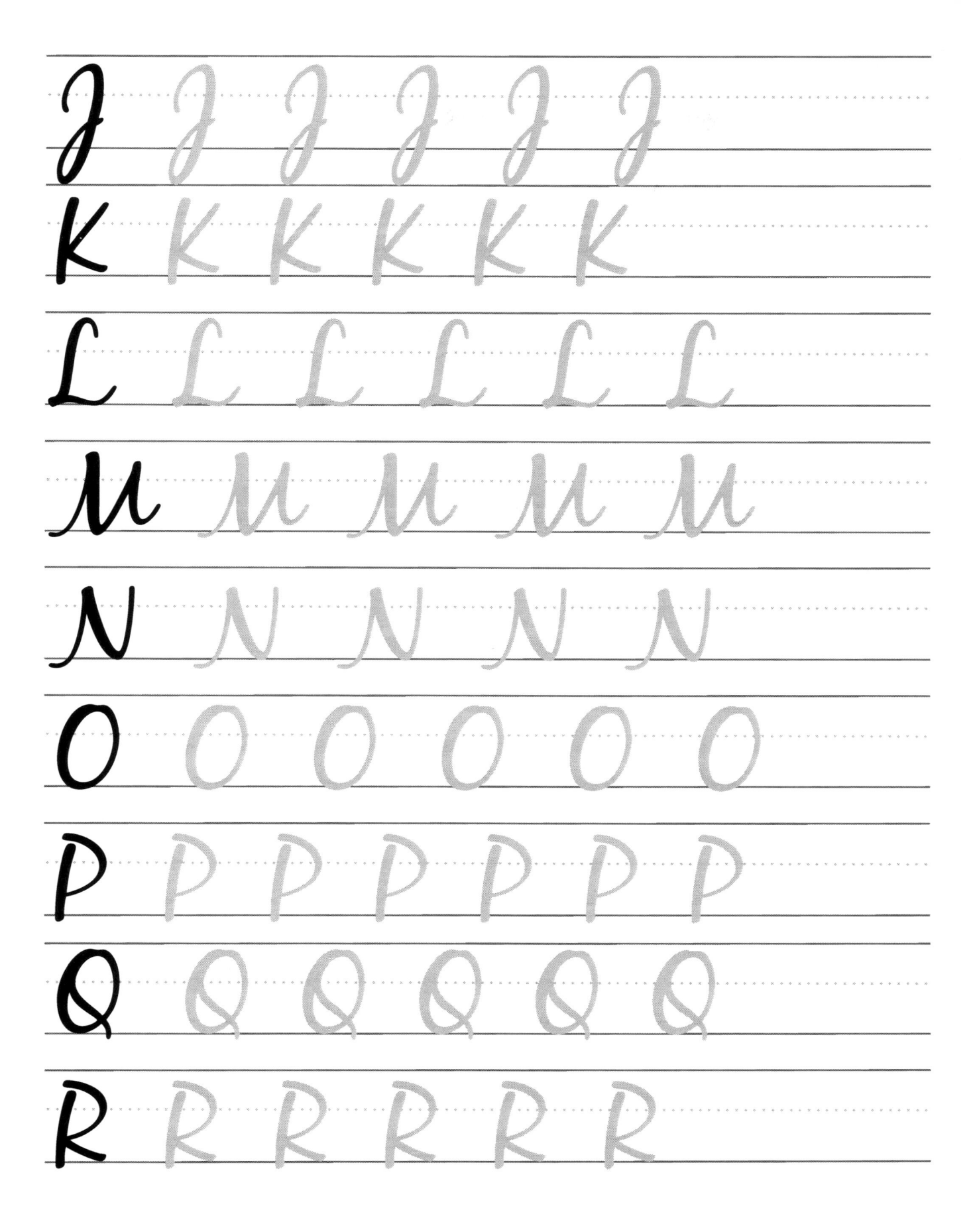

J J J J J J
K K K K K K
L L L L L L
M M M M M M
N N N N N N
O O O O O O
P P P P P P
Q Q Q Q Q Q
R R R R R R

S s s s s s s
T t t t t t t
U u u u u u u
V v v v v v v
W w w w w w w
X x x x x x x
Y y y y y y y
Z z z z z z z

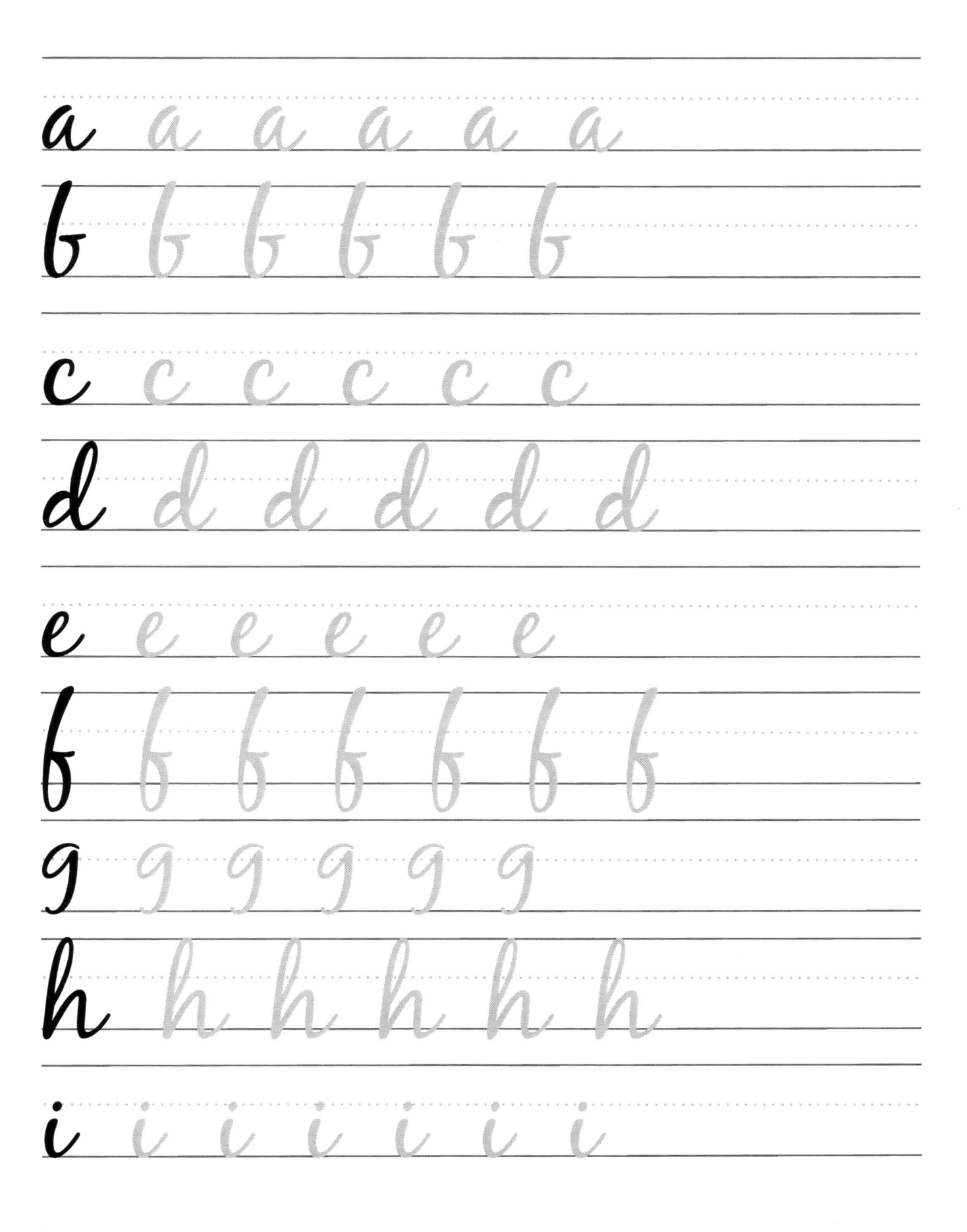

a a a a a a
b b b b b b
c c c c c c
d d d d d d
e e e e e e
f f f f f f
g g g g g g
h h h h h h
i i i i i i i

j j j j j j j

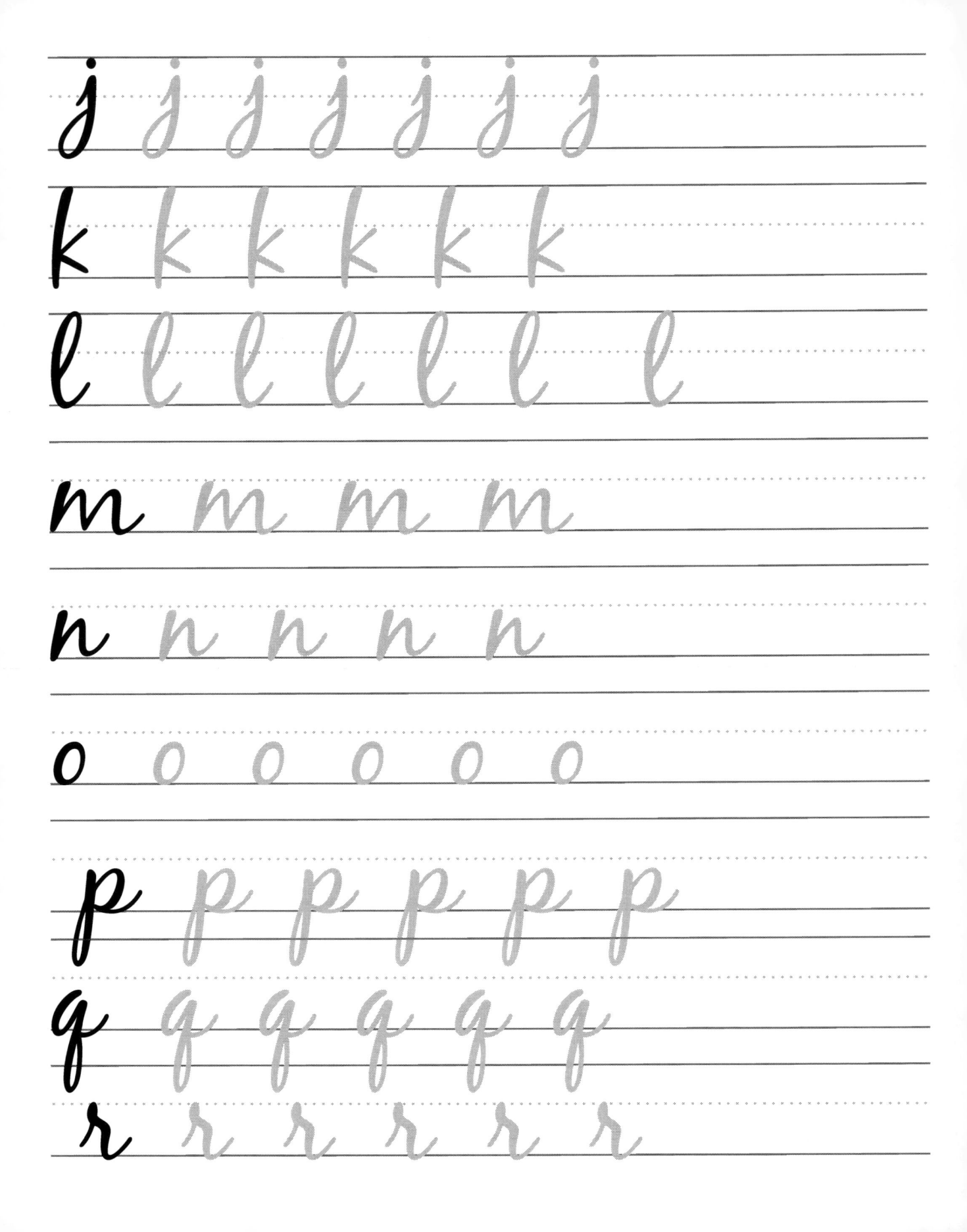

k k k k k k k

l l l l l l l

m m m m m

n n n n n

o o o o o o o

p p p p p p p

q q q q q q

r r r r r r r

s s s s s s
t t t t t t
u u u u u u
v v v v v v
w w w w w w
x x x x x x
y y y y y y
z z z z z z

ESTIRADA

A B C D E F G H I J K L M
N O P Q R S T U V W X Y Z

A B C D E F G H I J K L M
N O P Q R S T U V -

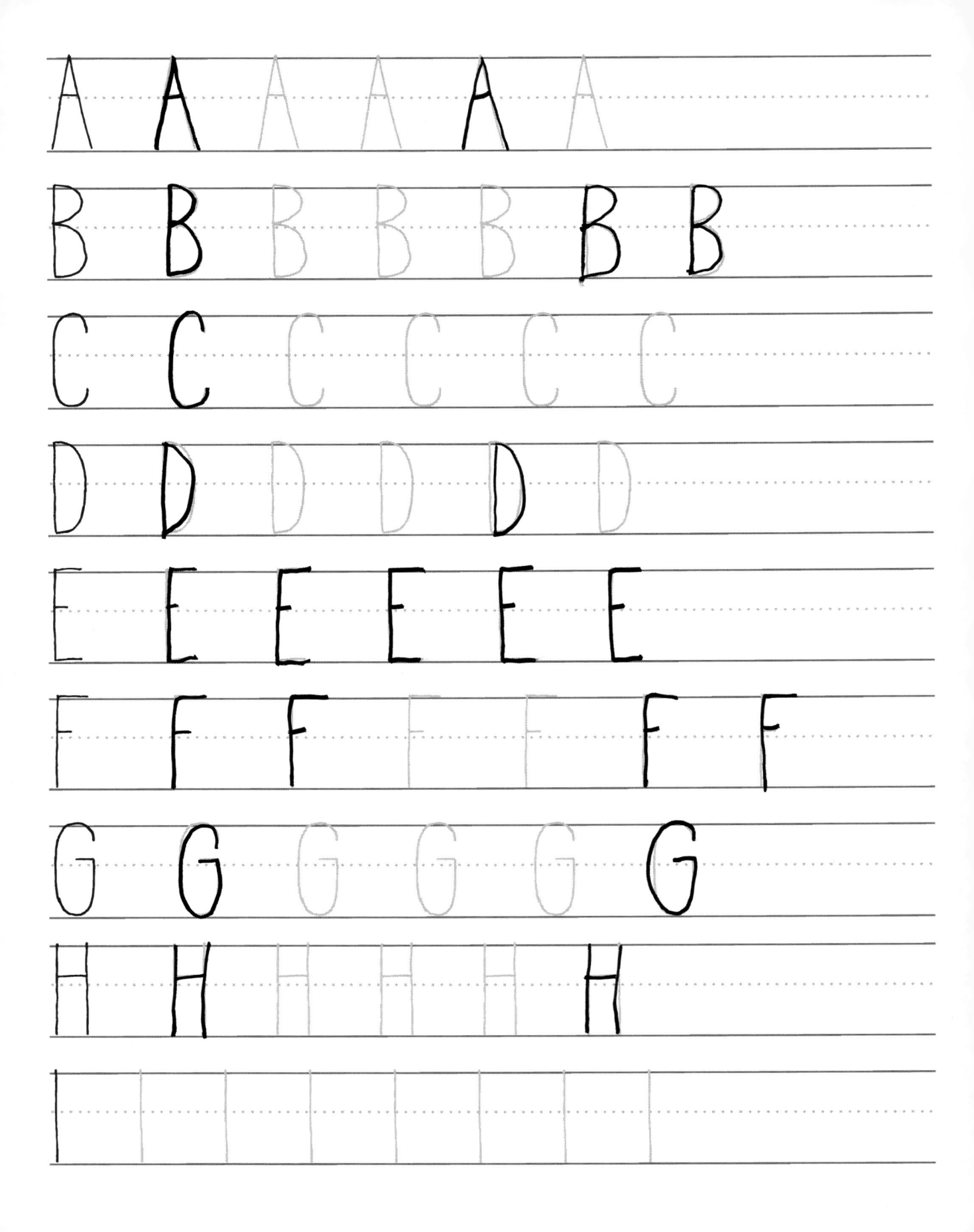

A A A A A A
B B B B B B B
C C C C C C C
D D D D D D D
E E E E E
F F F F F F
G G G G G
H H H H
I

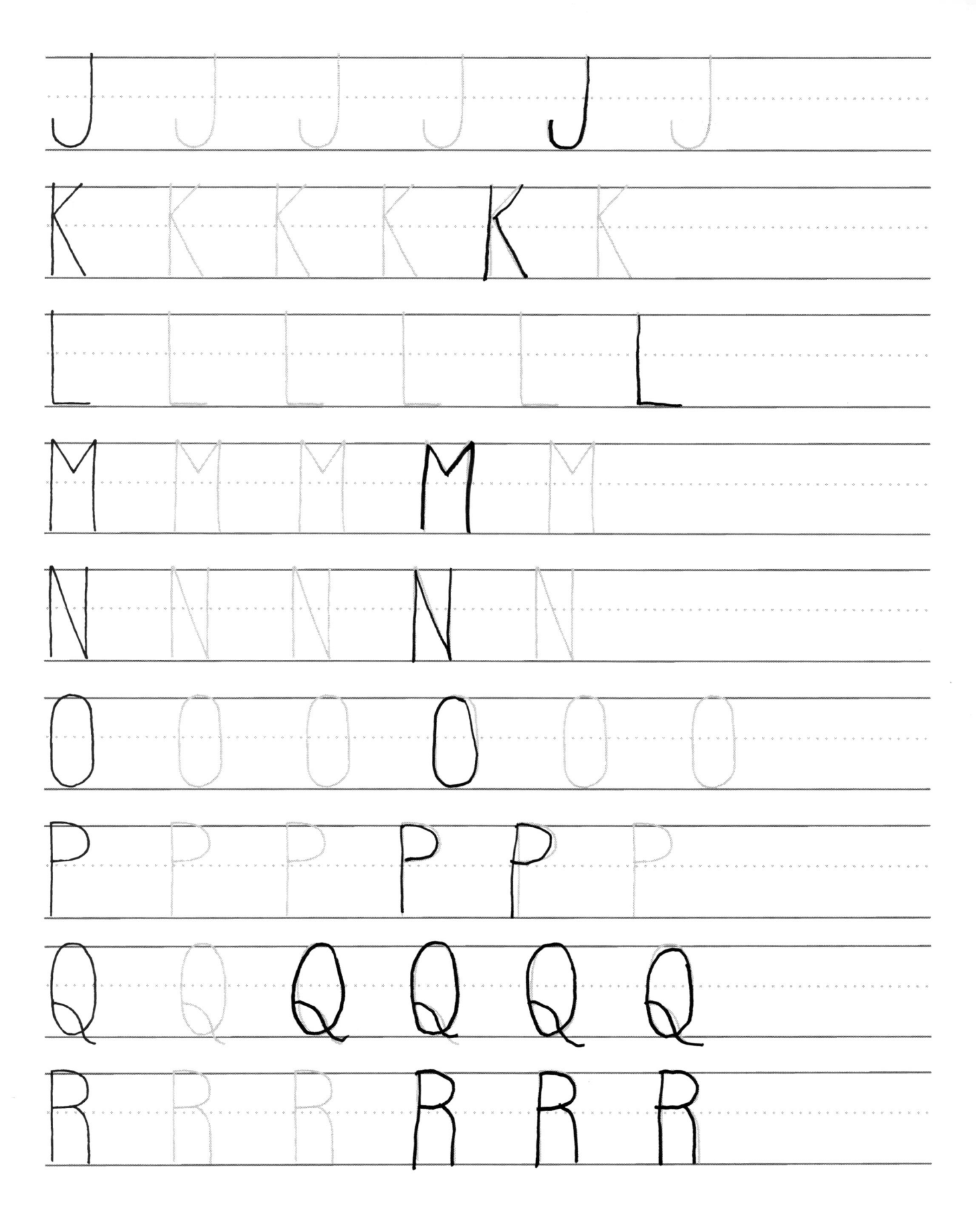

J J J J J J
K K K K K K
L L L L L L
M M M M M M
N N N N N N
O O O O O O
P P P P P P
Q Q Q Q Q Q
R R R R R R

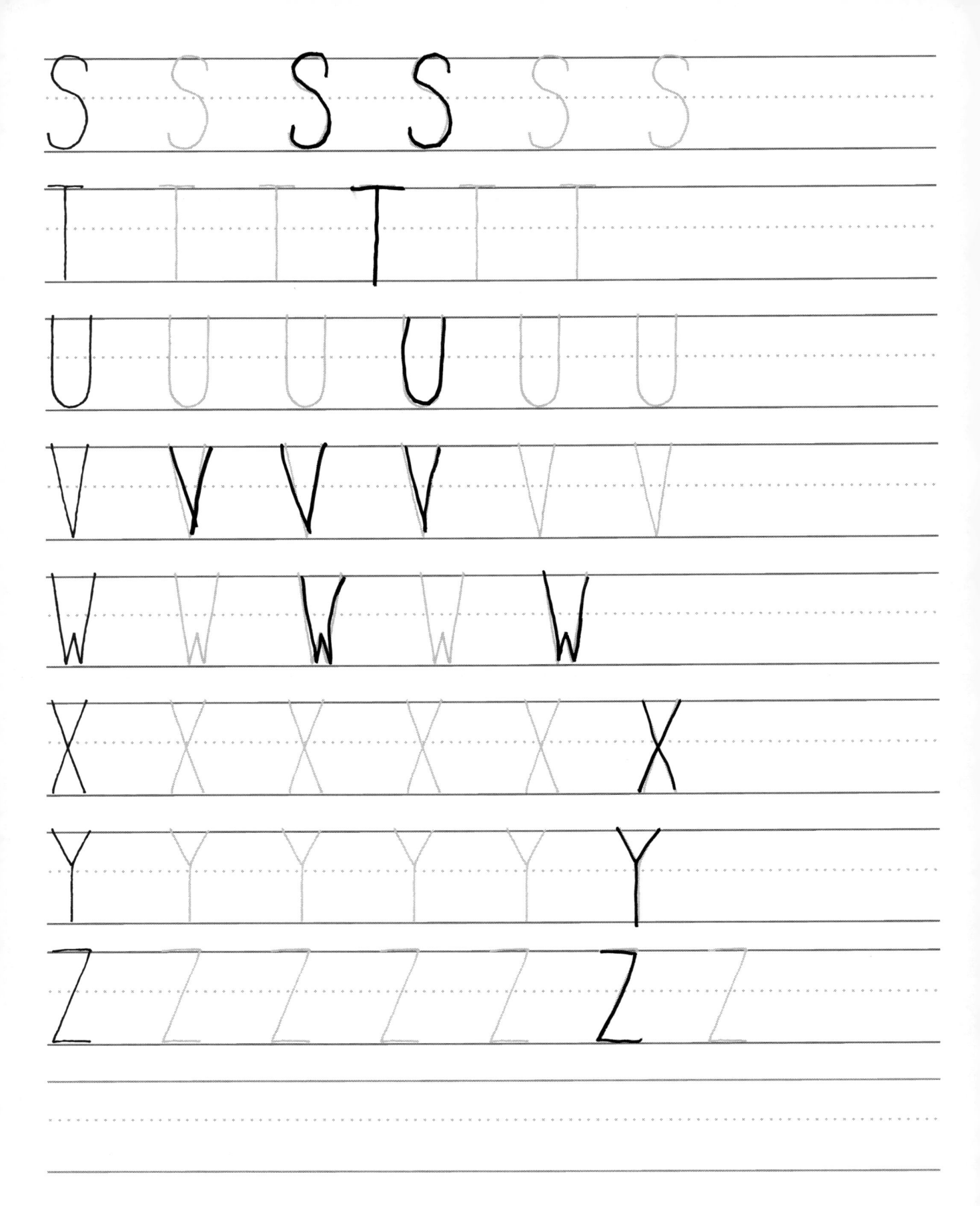

S S S S S S
T T T T T T
U U U U U U
V V V V V V
W W W W
X X X X X X
Y Y Y Y Y Y
Z Z Z Z Z Z

Germanica

A B C D E F G H I J K L M
N O P Q R S T U V W X Y Z

---

a b c d e f g h i j k l m
n o p q r s t u v w x y z

A A A A
B B B B
C C C C
D D D D
E E E E
F F F F
G G G G
H H H H
I I I I

J K L M N O P Q R

S T U V W X Y Z

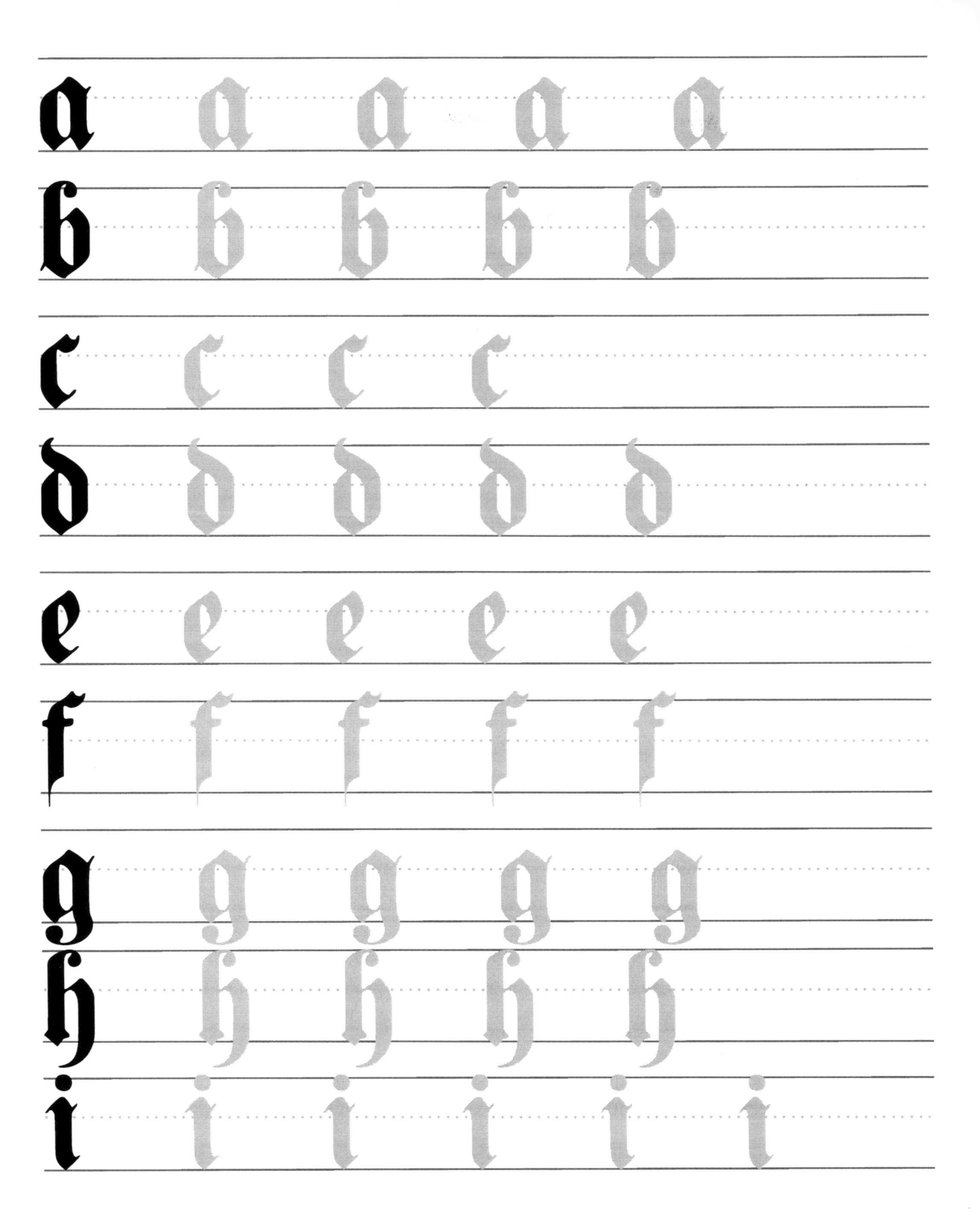

a a a a a

b b b b b

c c c c c

d d d d d

e e e e e

f f f f f

g g g g g

h h h h h

i i i i i

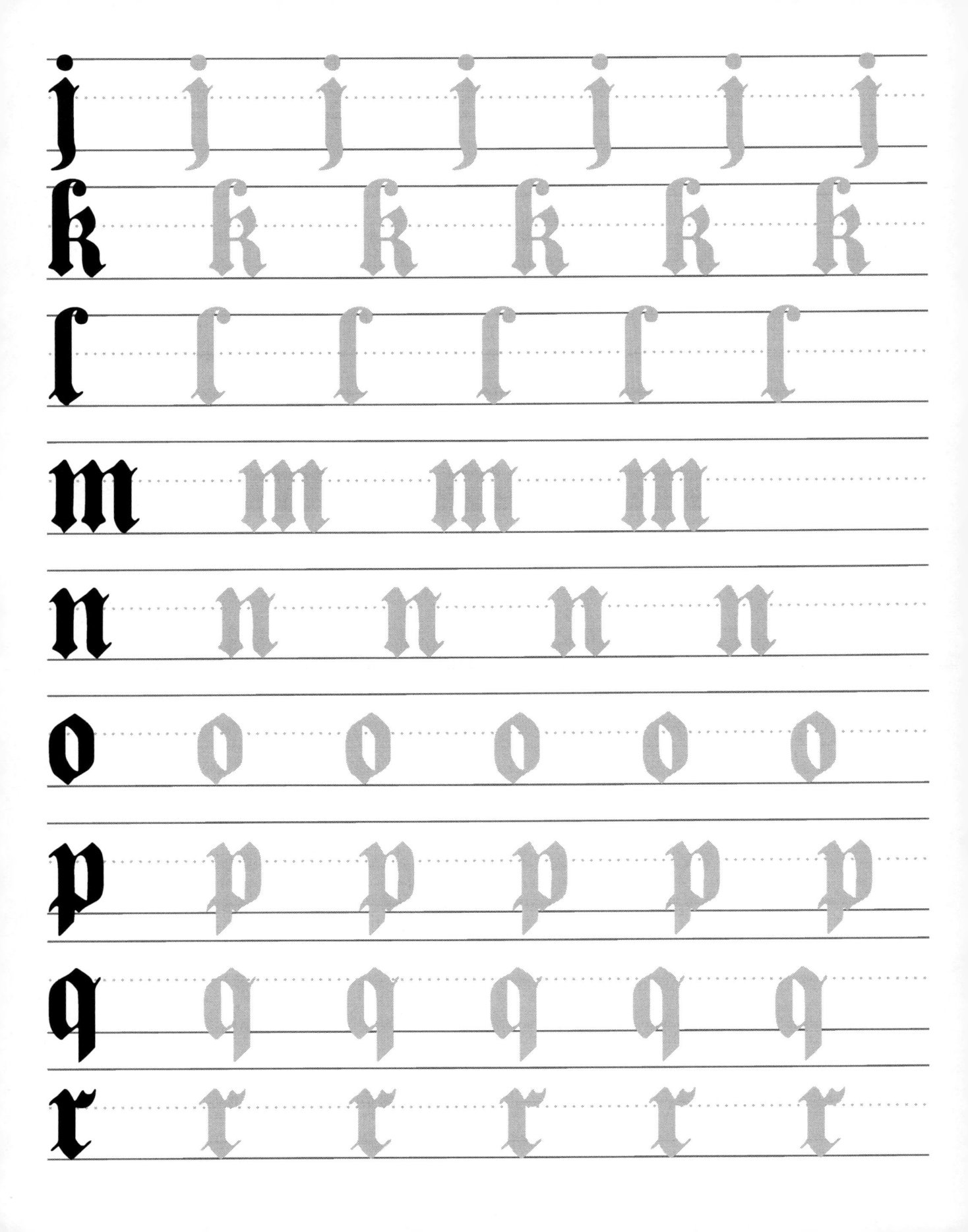

j j j j j j
k k k k k k
l l l l l l
m m m m m
n n n n n
o o o o o
p p p p p p
q q q q q q
r r r r r r

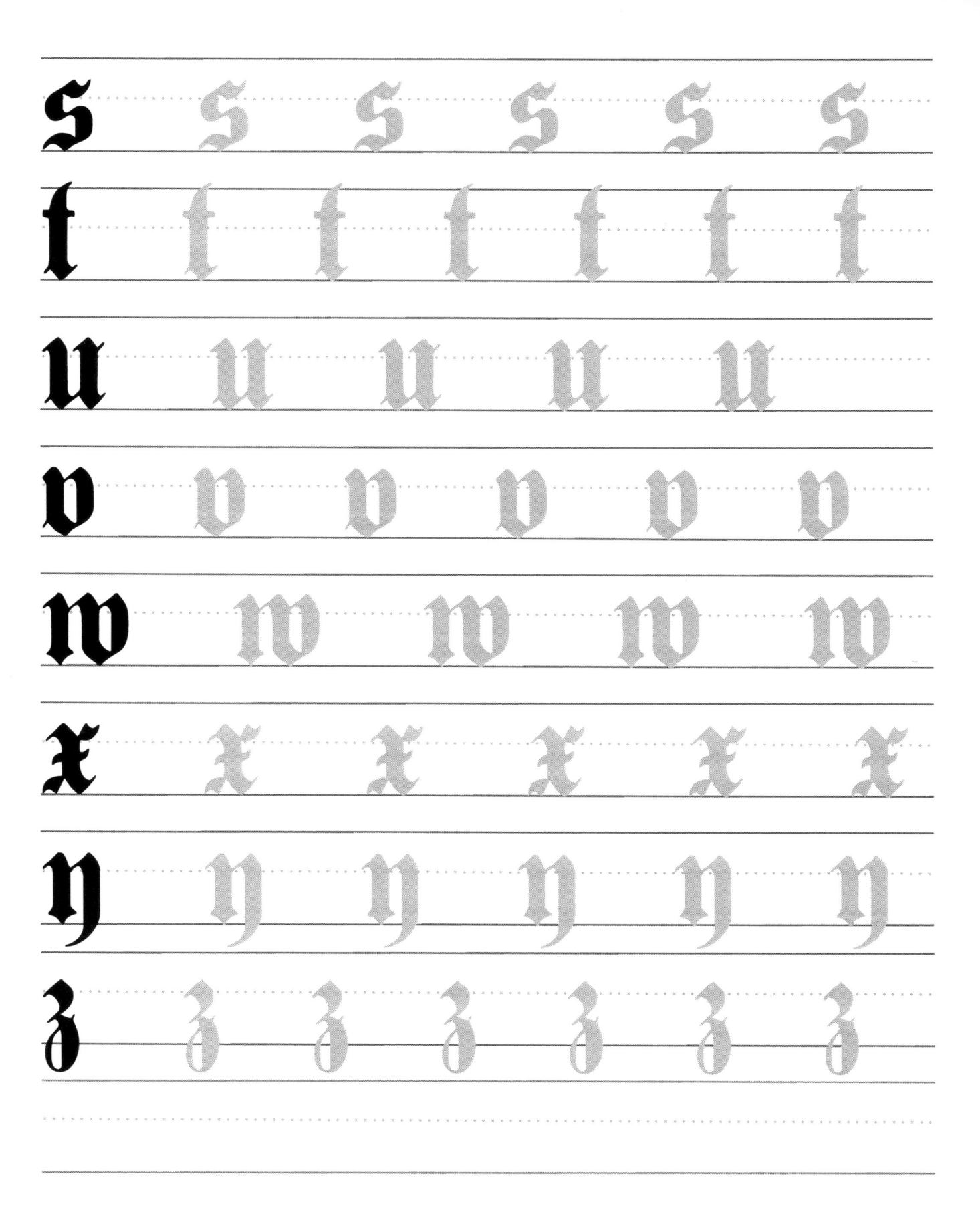

s s s s s s
f f f f f f
u u u u u u
v v v v v v
w w w w w w
x x x x x x
y y y y y y
z z z z z z

Satisfying

A B C D E F G H I J K L M
N O P Q R S T U V W X Y Z

---

a b c d e f g h i j k l m
n o p q r s t u v w x y z

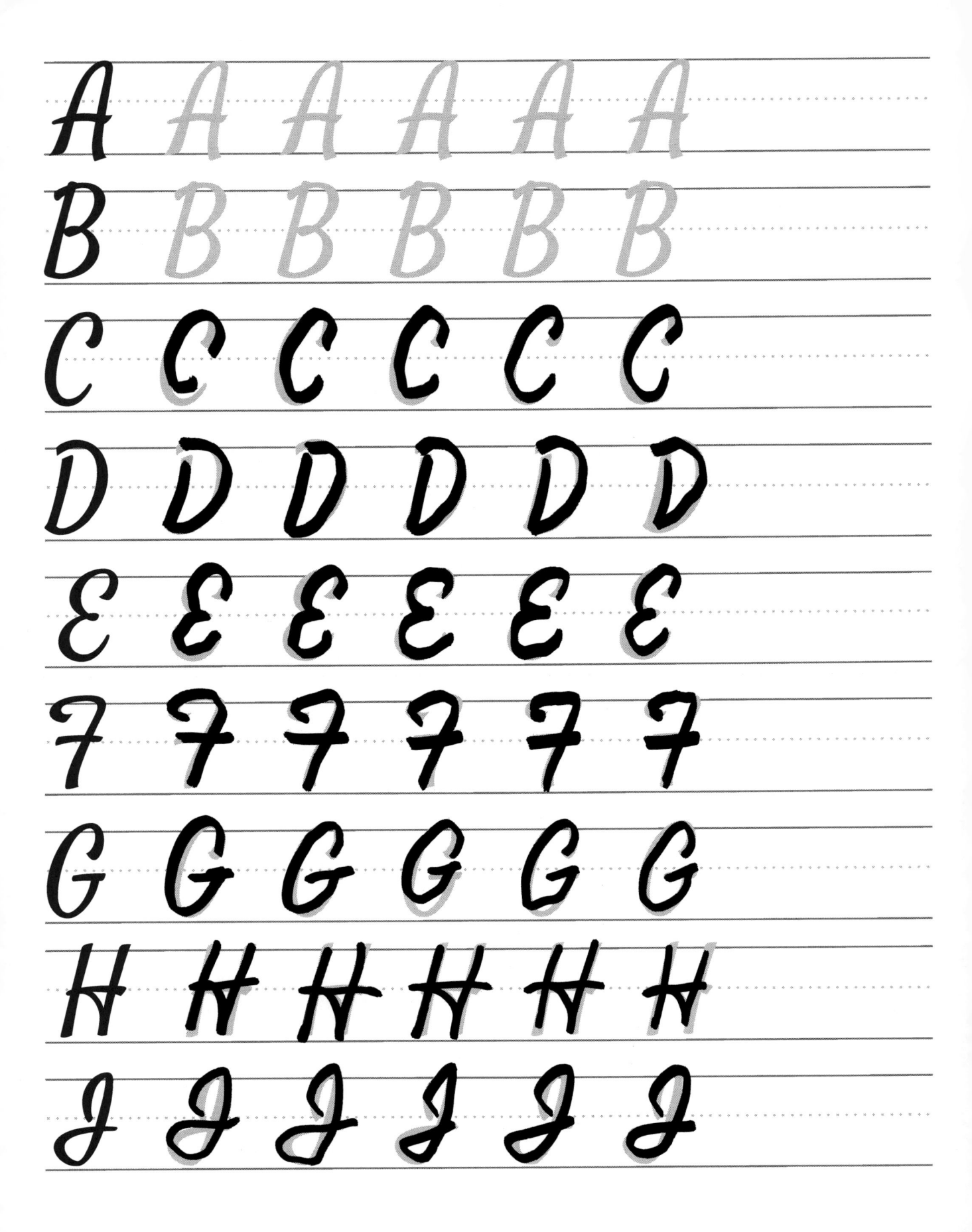

A A A A A A
B B B B B B
C C C C C C
D D D D D D
E E E E E E
F F F F F F
G G G G G G
H H H H H H
J J J J J J

J J J J J J
K K K K K K
L L L L L L
M M M M M M
N N N N N
O O O O O O
P P P P P P
Q Q Q Q Q Q
R R R R R R

S S S S S S
T T T T T T
U U U U U U
V V V V V V
W W W W W W
X X X X X X
Y Y Y Y Y Y
Z Z Z Z Z Z

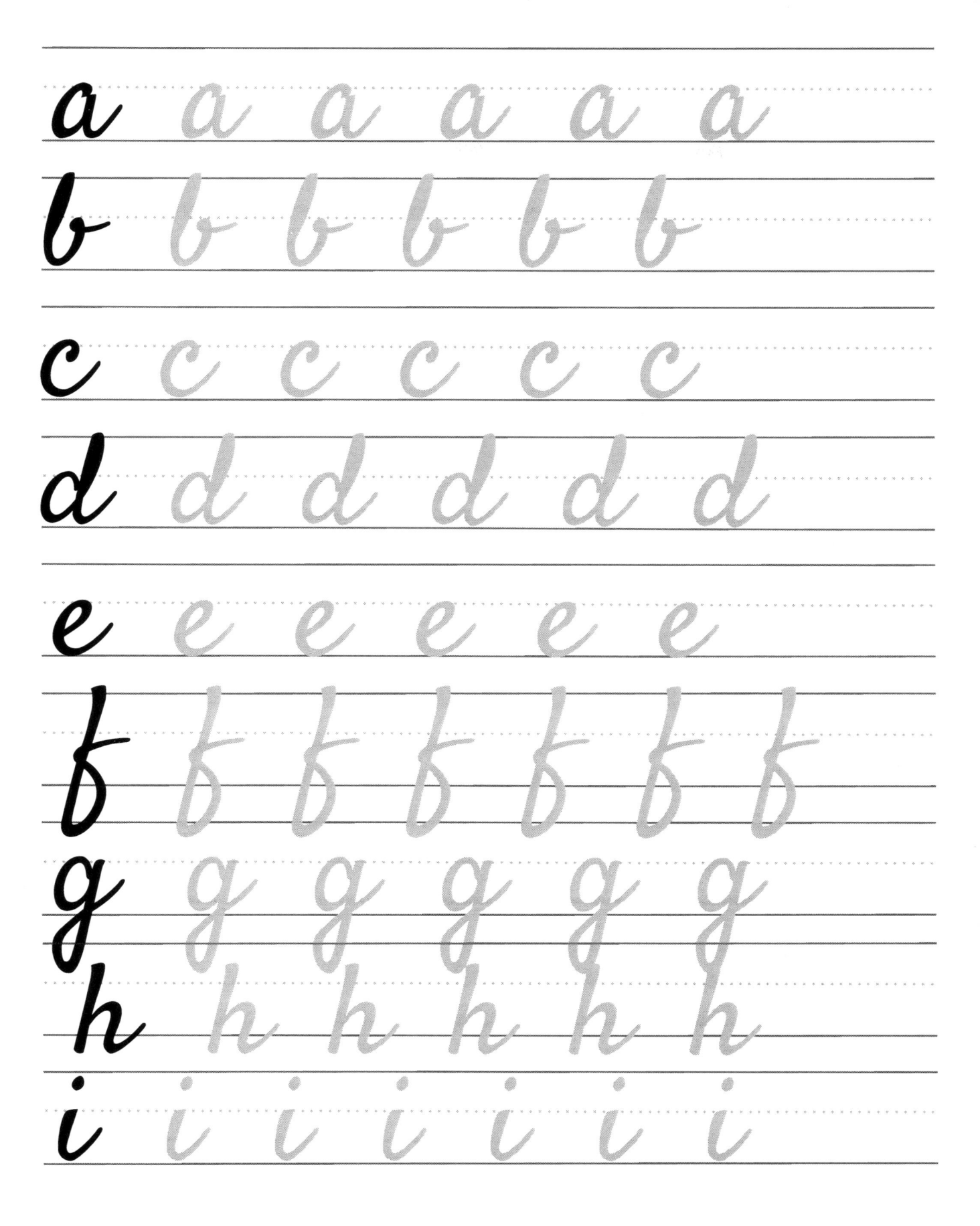

a a a a a a
b b b b b b
c c c c c c
d d d d d d
e e e e e e
f f f f f f
g g g g g g
h h h h h h
i i i i i i

j j j j j j j
k k k k k k k
l l l l l l l
m m m m m
n n n n n
o o o o o o
p p p p p p p
q q q q q q
r r r r r r r

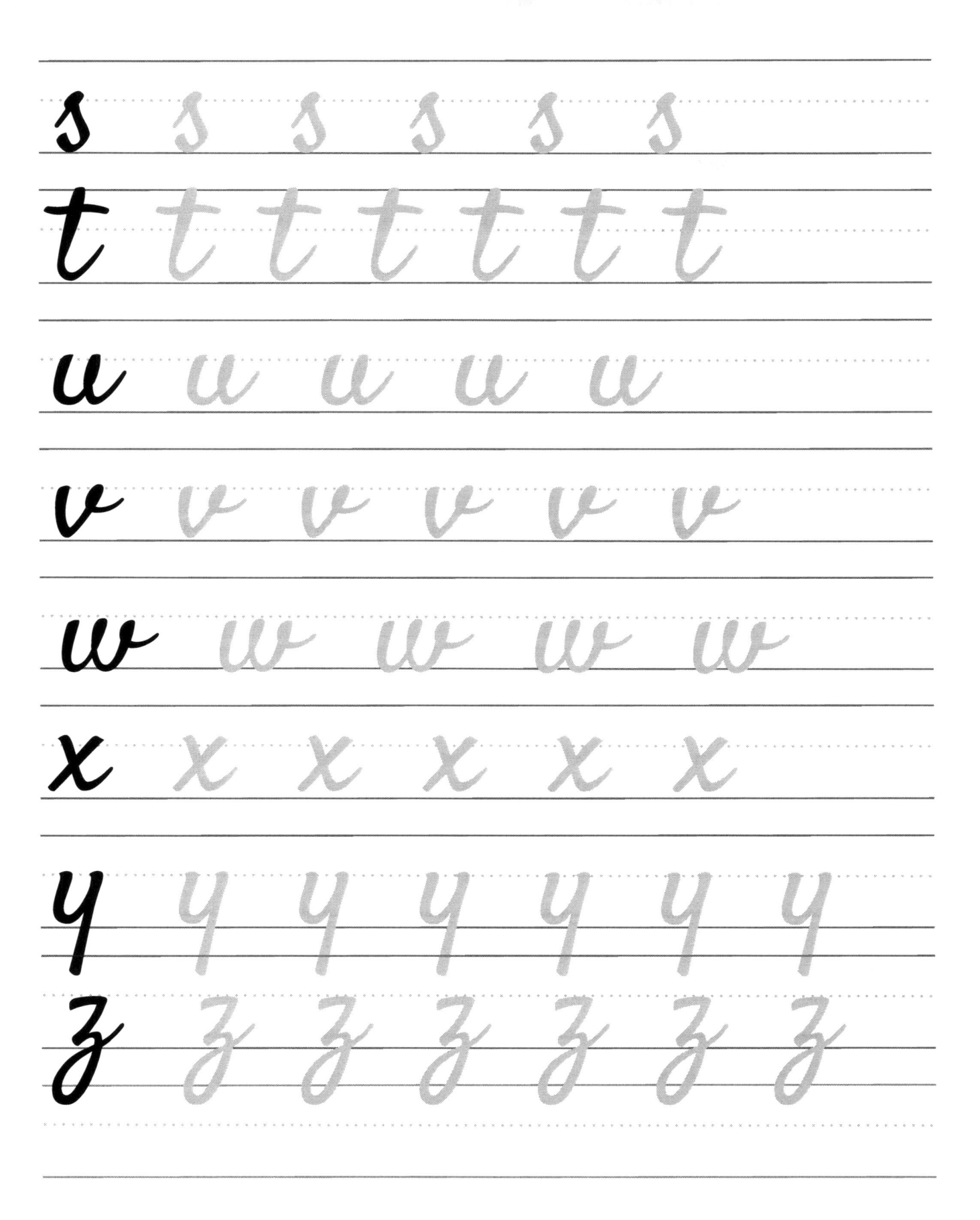

s s s s s s
t t t t t t t
u u u u u
v v v v v v
w w w w w
x x x x x x
y y y y y y y
z z z z z z z

Nickainely

A B C D E F G H I J K L M
N O P Q R S T U V W X Y Z

---

a b c d e f g h i j k l m
n o p q r s t u v w x y z

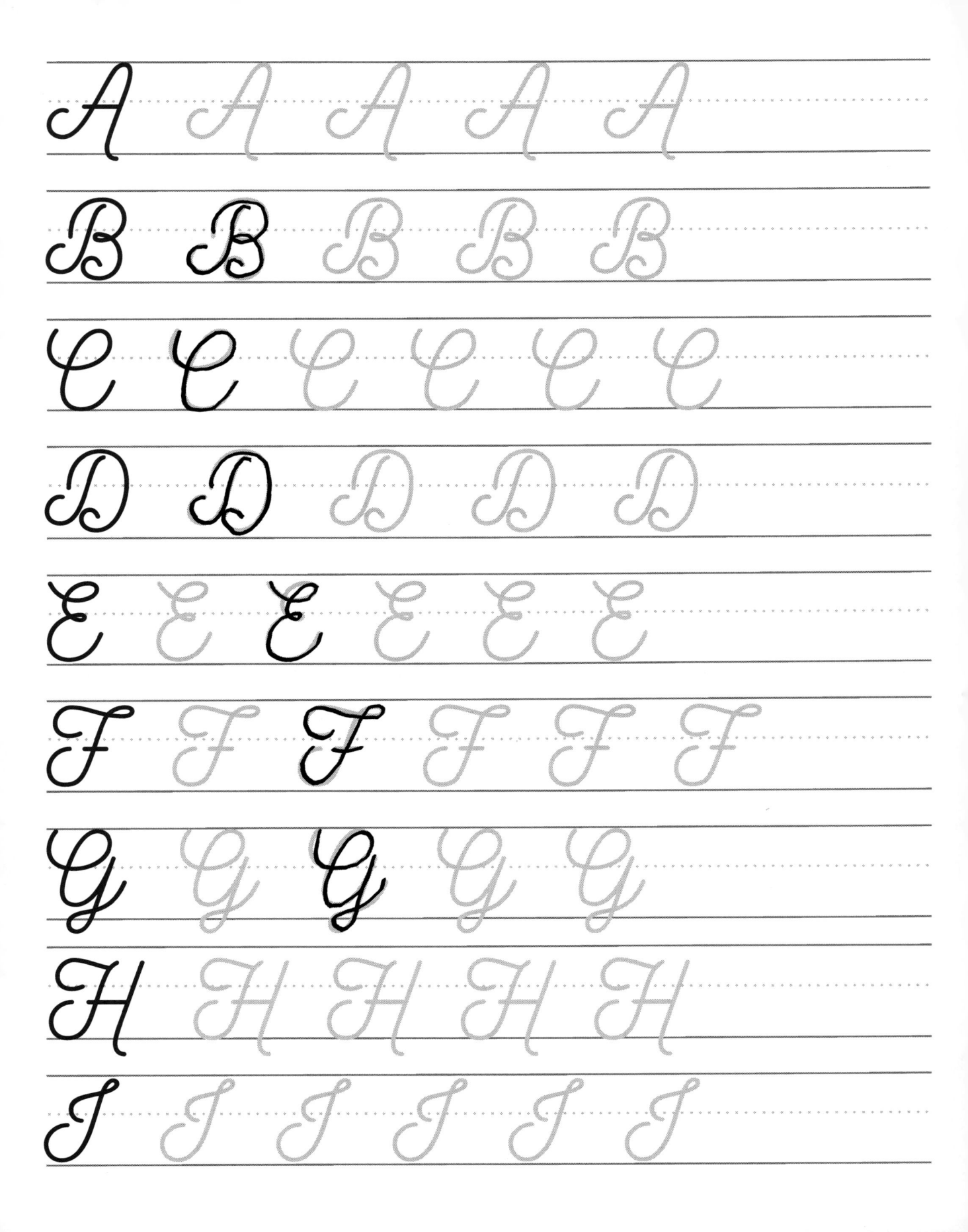

A A A A A
B B B B B
C C C C C
D D D D D
E E E E E
F F F F F
G G G G G
H H H H H
I I I I I

J J J J J J
K K K K K K
L L L L L L
M M M M M M
N N N N N N
O O O O O O
P P P P P P
Q Q Q Q Q Q
R R R R R R

S S S S S S S

T T T T T T T

U U U U U U

V V V V V V

W W W W W

X X X X X X

Y Y Y Y Y Y

Z Z Z Z Z Z Z

a a a a a
b b b b b
c c c c c
d d d d d
e e e e e
f f f f f f f
g g g g g g g
h h h h h
i i i i i i

j j j j j j j

k k k k k k k

l l l l l l

m m m m m

n n n n n

o o o o o

p p p p p p

q q q q q q

r r r r r r

s s s s s s

t t t t t t

u u u u u u

v v v v v v

w w w w w w

x x x x x

y y y y y y

z z z z z z

Beacon

A B C D E F G H I J K L M
N O P Q R S T U V W X Y Z

---

a b c d e f g h i j k l m
n o p q r s t u v w x y z

A a a a a a a
B B B B B B B
C C C C C C C
D D D D D D D
E E E E E E E
F F F F F F F
G g g g g g g
H H H H H H H
I I I I I I I I

J J J J J J J J
K K K K K K K
L L L L L L L
M M M M M M
N N N N N
O O O O O O
P P P P P P P
Q Q Q Q Q Q
R R R R R R R

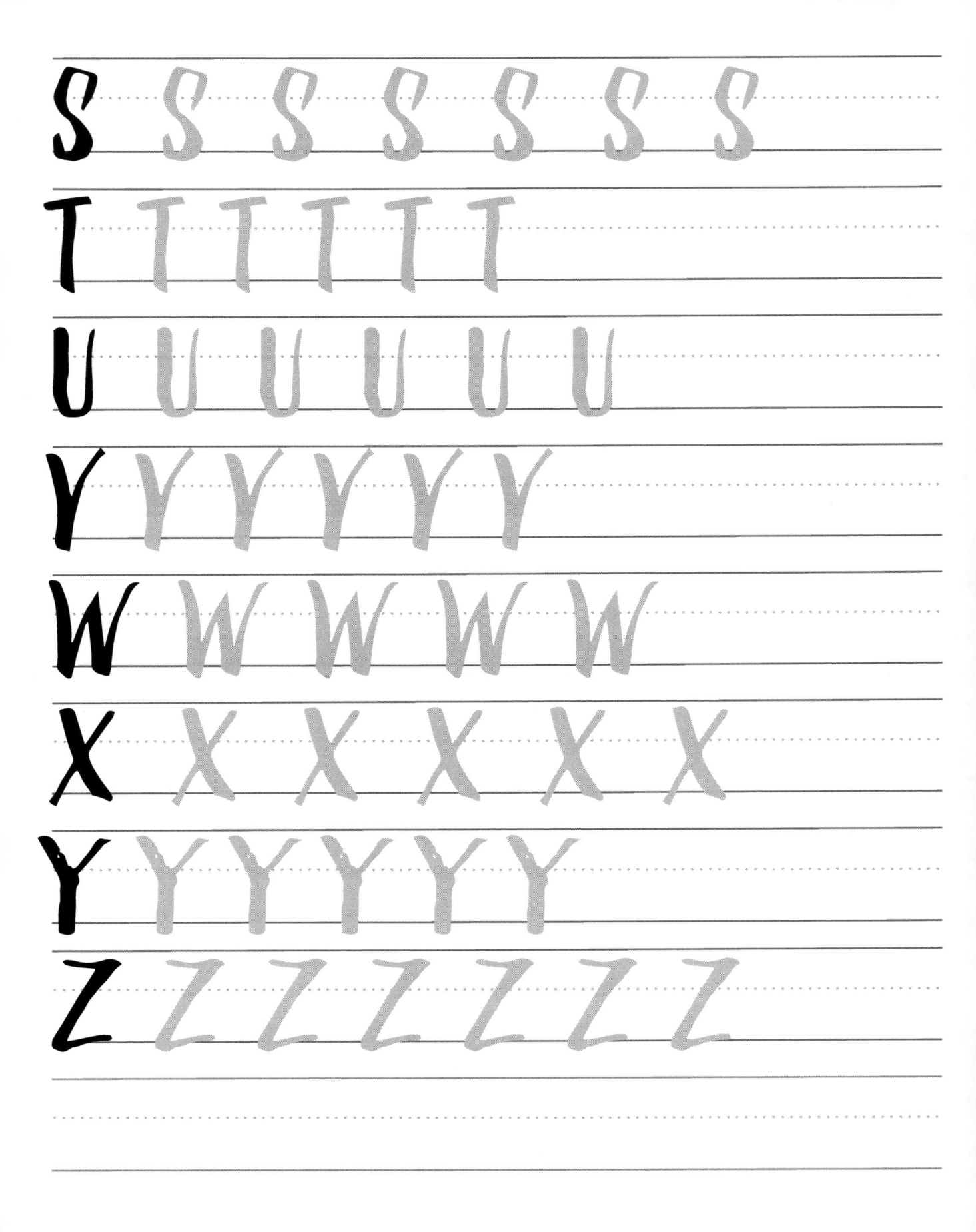

S S S S S S S
T T T T T T T
U U U U U U U
Y Y Y Y Y Y Y
W W W W W W W
X X X X X X X
Y Y Y Y Y Y Y
Z Z Z Z Z Z Z

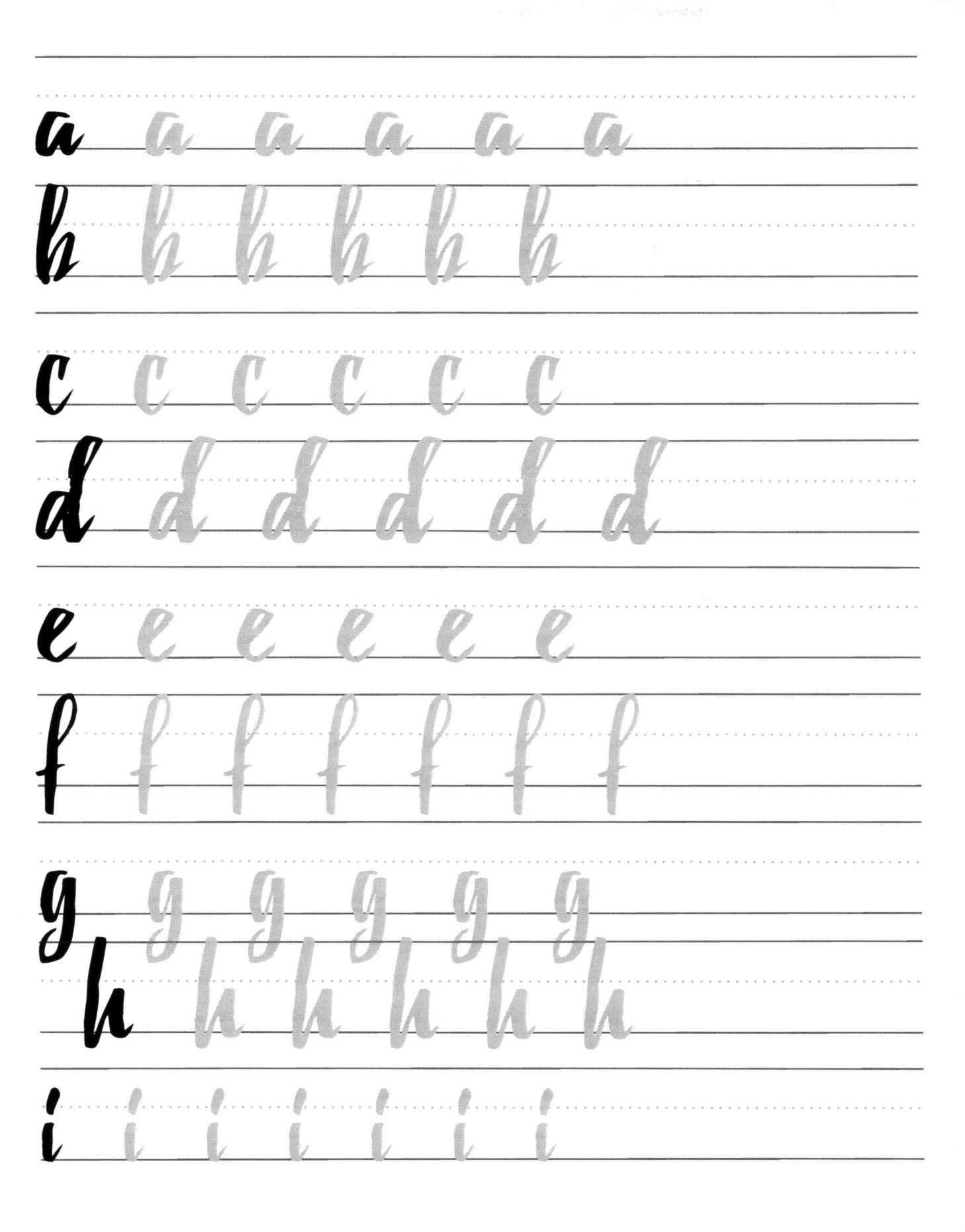

a a a a a a
b b b b b b
c c c c c c
d d d d d d
e e e e e e
f f f f f f
g g g g g g
h h h h h h
i i i i i i i

j j j j j j j

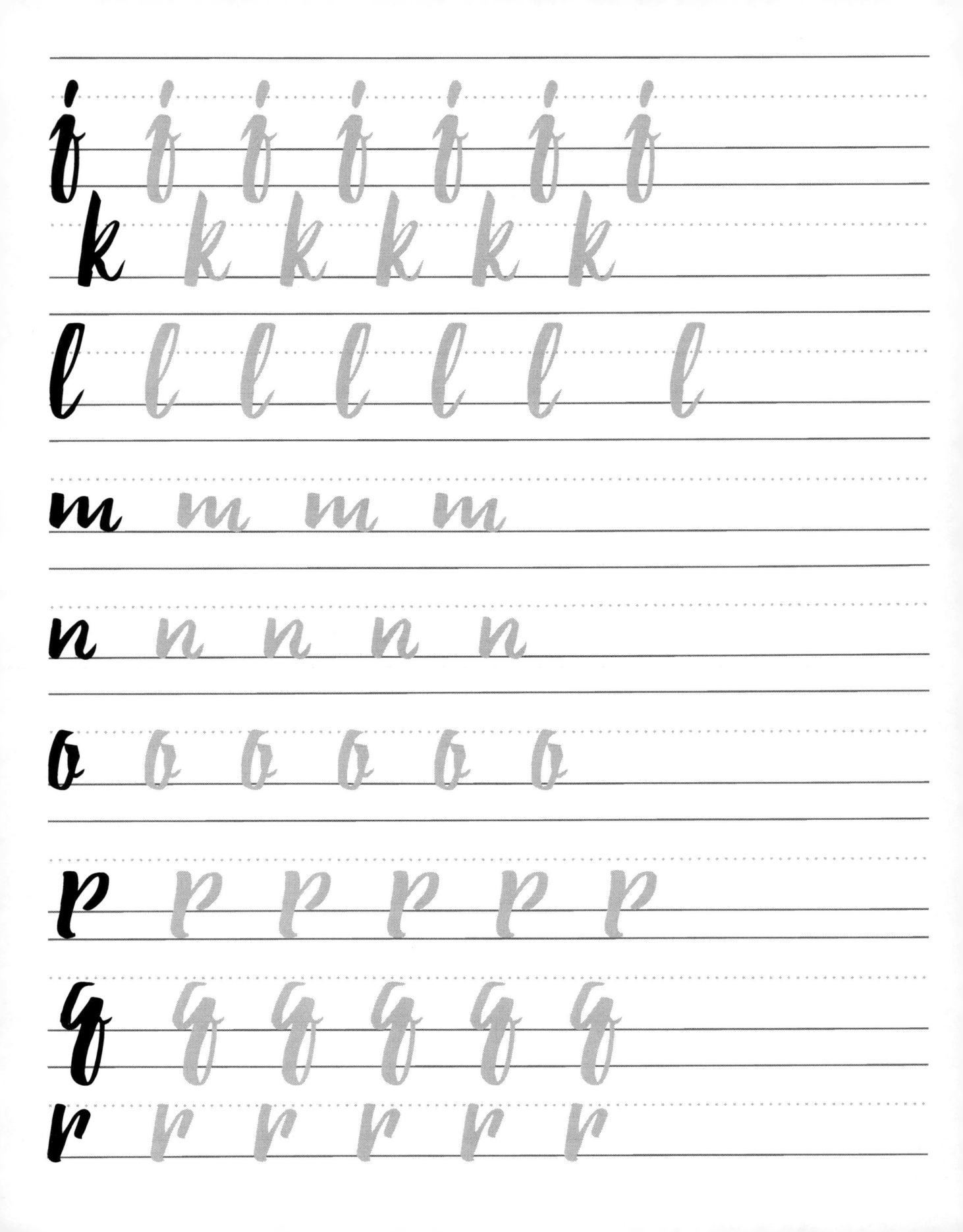

k k k k k k

l l l l l l l

m m m m

n n n n

o o o o o o

p p p p p p p

q q q q q q

r r r r r r

s s s s s s s
t t t t t t t

u u u u u u

v v v v v v

w w w w w w

x x x x x x

y y y y y y y

z z z z z z z

Rosco Brush

A B C D E F G H I J K L M
N O P Q R S T U V W X Y Z

---

a b c d e f g h i j k l m
n o p q r s t u v w x y z

A A A A A
B B B B B
C C C C C
D D D D
E E E E E
F F F F F
G G G G G
H H H H H
I I I I I I

J J J J J
K K K K K
L L L L L
M M M M M
N N N N N
O O O O O
P P P P P
Q Q Q Q Q
R R R R R

S S S S S

T T T T T

U U U U U

V V V V V

W W W W W

X X X X X

Y Y Y Y Y

Z Z Z Z Z

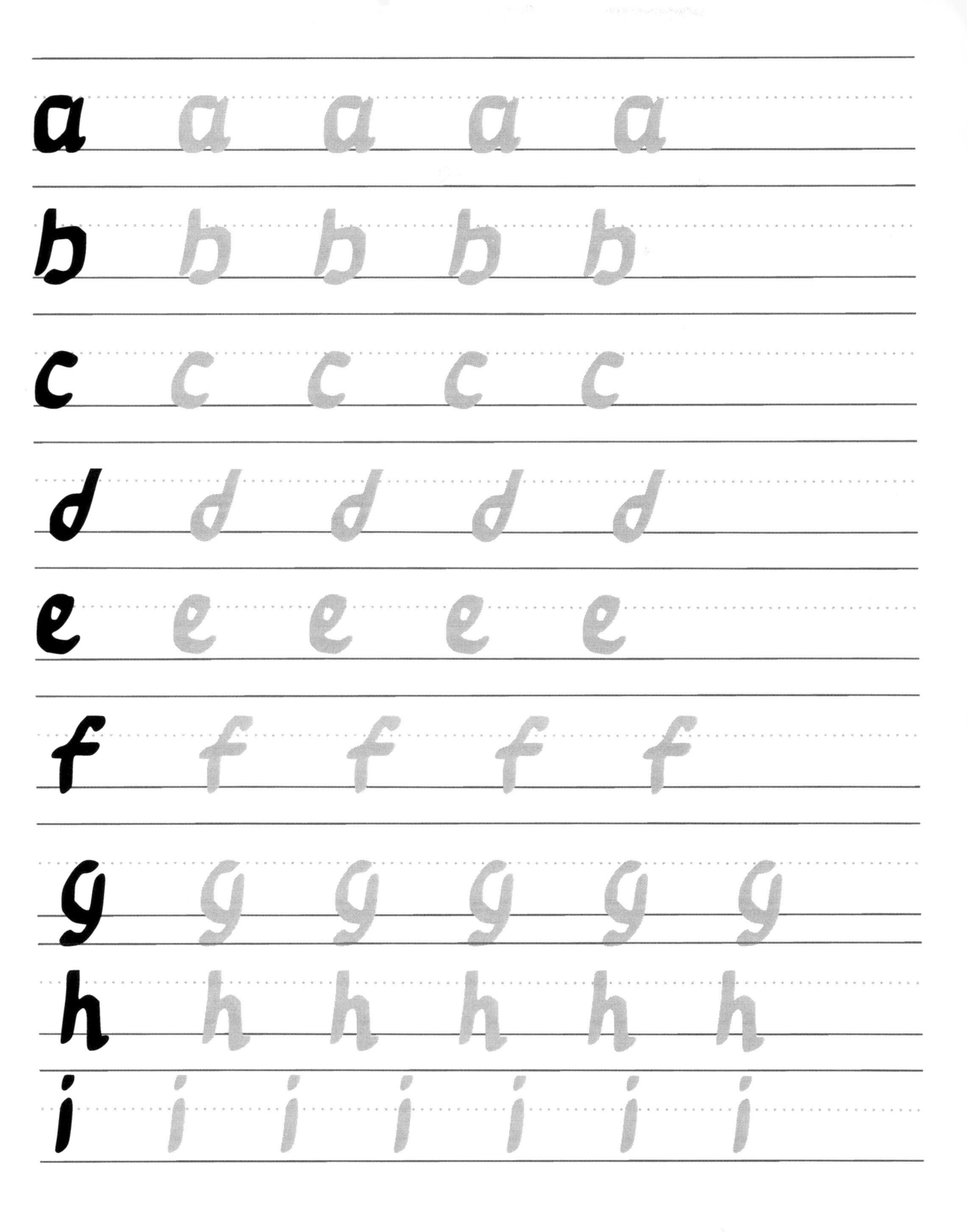

a a a a a
b b b b b
c c c c c
d d d d d
e e e e e
f f f f f
g g g g g
h h h h h
i i i i i i

j	j	j	j	j
k	k	k	k	k
l	l	l	l	l
m	m	m	m	m
n	n	n	n	n
o	o	o	o	o
p	p	p	p	p
q	q	q	q	q
r	r	r	r	r

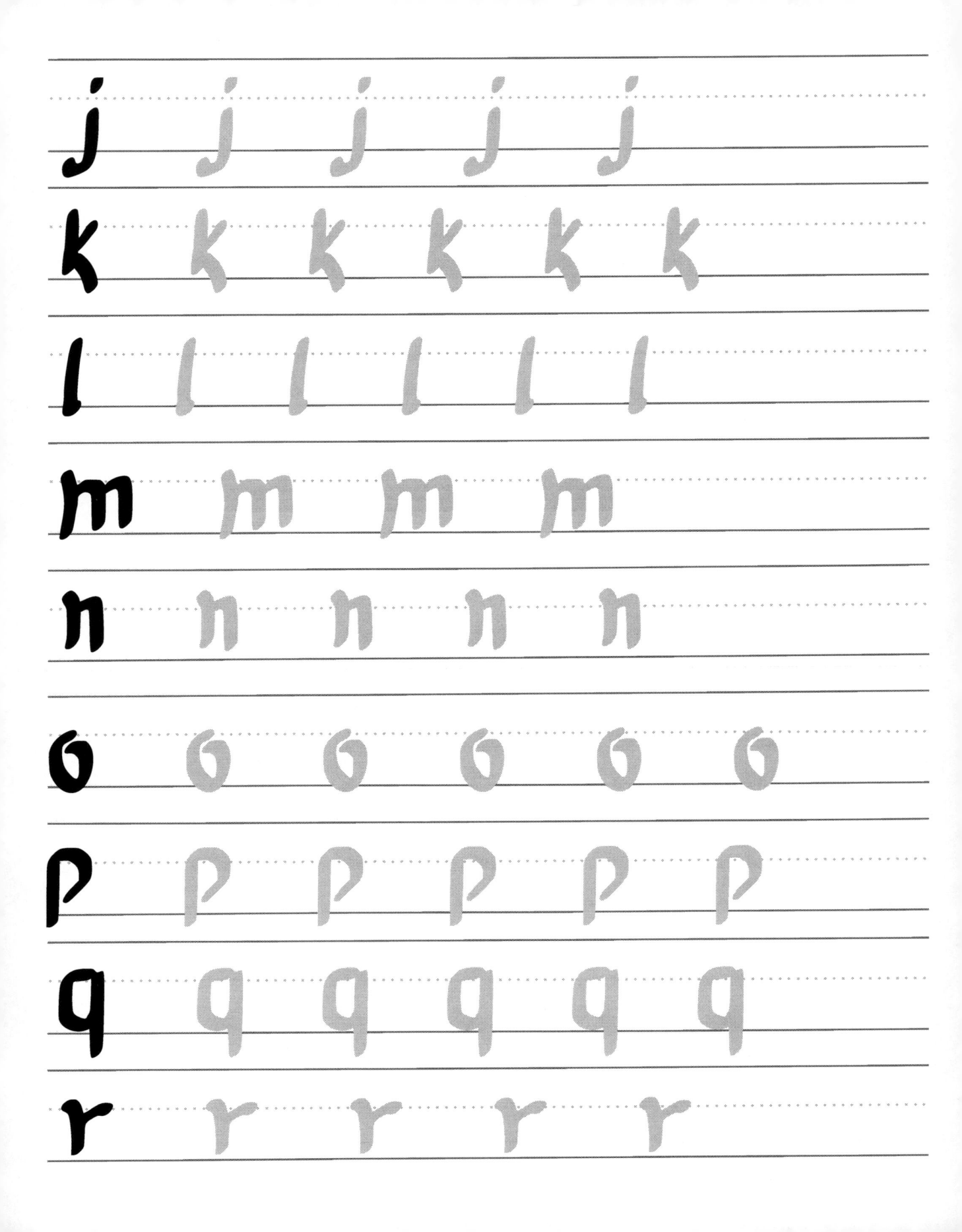

s s s s s

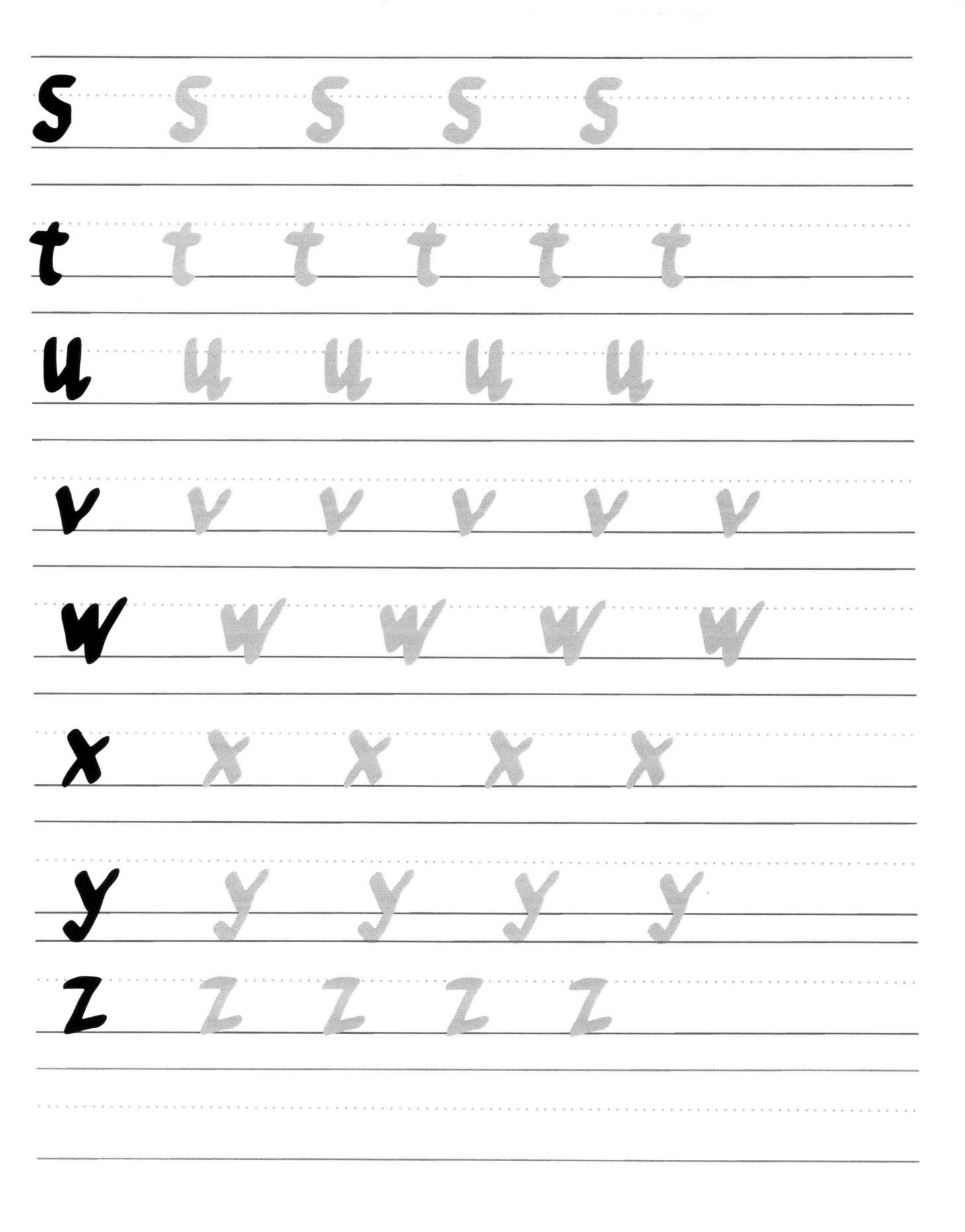

t t t t t

u u u u u

v v v v v

w w w w w

x x x x x

y y y y y

z z z z z

PAGES FOR LEARNING

A B

A

Finish.

IMPRESSUM

Autorin / Verfasserin der Rezeptesammlung: LEA S.

VERTRETEN DURCH:
FELIX HERDEMERTENS | DANZIGERSTRASSE 4 | 26789 LEER |
E-MAIL: FEHEKINDLE@GMX.DE

Alle Rechte vorbehalten.
TAG DER **Veröffentlichung**: 27.02.2017

DAS WERK, EINSCHLIESSLICH SEINER TEILE, IST URHEBERRECHTLICH GESCHÜTZT. JEDE VERWERTUNG IST OHNE ZUSTIMMUNG DES AUTORS UNZULÄSSIG. DIES GILT INSBESONDERE FÜR DIE ELEKTRONISCHE ODER SONSTIGE VERVIELFÄLTIGUNG, ÜBERSETZUNG, VERBREITUNG UND ÖFFENTLICHE ZUGÄNGLICHMACHUNG.